Sonja Eismann
Naira Estevez

WO KOMMST DU DENN HER?

MIX
Papier aus verantwortungsvollen Quellen
FSC® C089473

Dieses Buch ist erhältlich als:
ISBN 978-3-407-75693-0 Print

in der Verlagsgruppe Beltz · Weinheim Basel
Werderstraße 10, 69469 Weinheim

Illustrationen: Diana Bobb: S. 19 o., S. 22 M., S. 27 u., S. 31 u., S. 35 M., S. 38 o., S. 42 o., S. 47, S. 55 u., S. 58, S. 63 u., S. 66 u., S. 74 M., S. 79 u., S. 83 u. · Hanna Jung: S. 14 u., S. 18, S. 23, S. 26, S. 31 o., S. 34, S. 38 u., S. 42 u., S. 46 u., S. 50, S. 59, S. 62 u., S. 67 o., S. 70, S. 75, S. 78 o., S. 83 o., S. 86 · Beyza Tolgay: S. 11, S. 15, S. 22 o., S. 27 o., S. 30, S. 35 u., S. 39, S. 43 u., S. 51 o., S. 54, S. 62 o., S. 66 o., S. 71, S. 74 o., S. 78 u., S. 82, S. 87 u. · Yimeng Wu: S. 10, S. 14 o., S. 19 u., S. 22 u., S. 27 M., S. 35 o., S. 43 o., S. 46 o., S. 51 u., S. 55 o., S. 63 o., S. 67 u., S. 74 u., S. 79 o., S. 87 o.
Lektorat: Carolin Eichenlaub
Neue Rechtschreibung
Einbandgestaltung: Paulina Pysz unter Verwendung von Illustrationen von Diana Bobb, Hanna Jung, Beyza Tolgay, Yimeng Wu
Herstellung: Nancy Aprile
Layout und Satz: Paulina Pysz
Druck und Bindung: Beltz Grafische Betriebe, Bad Langensalza
Beltz Grafische Betriebe ist ein klimaneutrales Unternehmen (ID 15985-2104-100).
Printed in Germany
1 2 3 4 5   26 25 24 23 22

Weitere Informationen zu unseren Autor:innen und Titeln finden Sie unter:
www.beltz.de

Sonja Eismann
Naira Estevez

WO KOMMST DU DENN HER?

Warum das die falsche Frage ist und was uns wirklich ausmacht

BELTZ
& Gelberg

SONJA EISMANN ist Mitbegründerin und -herausgeberin des Missy Magazine und lebt mit ihrem Partner und den zwei gemeinsamen Töchtern in Berlin. Sie schreibt, forscht und unterrichtet zu Themen rund um Feminismus und Popkultur.

NAIRA ESTEVEZ ist freie Autorin, findet Tiere super und taucht gerne italienisches Gebäck in ihren Kaffee. Daneben arbeitet sie in der Geschäftsführung des Missy Magazine. Ideen, Phänomene und Menschen interessieren sie besonders, wenn sie vielfältige Kräfte vereinen und für gesellschaftlichen Zusammenhalt sorgen.

DIANA BOBB ist freiberufliche Illustratorin und Grafikdesignerin und lebt derzeit in Salzburg. Ihre Illustrationen kommunizieren durch symbolische Elemente, Gesten und Körperhaltungen mit der*dem Betrachter*in.

HANNA JUNG, geboren in der ukrainischen Stadt Czernowitz, zog im Alter von acht Jahren mit ihrer Familie nach Stade in Niedersachsen. Nach ihrem Abitur studierte sie Illustration und Kommunikationsdesign und arbeitet seit 2016 als freischaffende Illustratorin.

BEYZA TOLGAY ist in Rheinhessen geboren. Heute wohnt und arbeitet sie als freischaffende Illustratorin und Animatorin in Mainz.

Aufgewachsen in China und Deutschland, fühlt sich **YIMENG WU** am wohlsten zwischen den Kulturen. Sie studierte Kommunikationsdesign in Essen, Paris und an der UdK Berlin. Die Wahlberlinerin ist Gründerin des vielfach ausgezeichneten »Studio Wu 無«.

A:AE:54

EINE GANZ NORMALE FRAGE – ODER?

Ein Name, eine Hautfarbe, ein Kleidungsstil, eine Sprache, ein bestimmtes Fest oder ein religiöser Glaube können Anlass sein für die Frage: »Wo kommst du denn her?« Und wenn die Antwort ist: Von hier, genau wie du, wird vielleicht weitergefragt: Aber wo kommst du wirklich her? Damit wird signalisiert: Du bist anders, und im schlechtesten Fall: Du gehörst hier nicht her. Das ist nicht nur äußerst verletzend, sondern auch zu kurz gedacht. Denn die Frage »Wo kommst du denn her?« beschränkt die Vorstellung von Personen auf einen Geburtsort oder den der Eltern oder Großeltern, oder vielleicht noch auf einen Pass oder eine Religion.

Dabei gibt es so viel mehr, was uns ausmacht und Aufschluss darüber gibt, wer und wie wir sind. Und vor allem: wie vielfältig und aufregend unterschiedlich wir sind und wie viele Gemeinsamkeiten wir dabei immer wieder entdecken können. Um eine Person kennenzulernen, könnten wir z. B. fragen: Was ist dein Lieblingsessen? Welche Gerüche und Düfte liebst du? Wie machst du Party? Was bedeutet für dich Familie? Denn wir kommen alle von überallher. Aus allen möglichen Ländern. Von nah oder fern. Aus Städten oder Dörfern, von Inseln, Bergen oder Wäldern. Aber wir kommen auch aus Familien, aus Cliquen, aus Schulen und Kitas, aus Sprach- und Religionsgemeinschaften, aus Sportvereinen und Sozialen Netzwerken und Communities. All diese verschiedenen »Herkünfte« formen uns zu den einzigartigen Persönlichkeiten, die im Austausch mit anderen immer weiter wachsen können.

Genauso ist auch dieses Buch zu lesen: als spannendes Zusammenwirken von Bildern und Texten – zwischen dem, was die Illustratorinnen tagtäglich erleben, was sie mögen und was sie geprägt hat, und sachlichen Erklärungen der Autorinnen zu unserer Geschichte und unserem Zusammenleben im Hier und Jetzt. Mit allen Unterschieden und Gemeinsamkeiten, die es zu entdecken gibt.

NAMEN Jeder Mensch hat einen Namen – und ein Recht darauf. Seit 1989 steht dieses Recht, neben 40 weiteren, auch in der »UN-Kinderrechtskonvention«. Mit einem Namen kann ein Kind in einem Land registriert werden, das dann für das Kind verantwortlich ist. Unsere Namen begleiten uns durch unser ganzes Leben und können einiges über einen Menschen erzählen: z. B. welchen Geschmack die Eltern hatten oder in welcher Zeit und wo eine Person oder ihre Verwandtschaft geboren wurde. Manche Nachnamen verraten sogar, welchen Beruf die Vorfahr*innen hatten. Namen können auch Ausdruck eines religiösen Glaubens oder einer politischen Überzeugung sein. Ein Name hat viel mit unserer persönlichen Geschichte und unserem Verhältnis zu anderen Menschen zu tun.

MÜTTER, OMAS UND PROPHETEN Wie ein Mensch heißt, hängt meistens vom Geschmack der Eltern ab. Sie bestimmen, wie sie ihr Kind nennen möchten und worauf es ihnen dabei ankommt. Das Aussuchen eines Vornamens ist also eine ziemlich persönliche Angelegenheit. Weil aber viele Menschen oft einen ähnlichen Geschmack haben, gibt es Namen, die besonders häufig vergeben werden. Z. B. waren in Deutschland über mehrere Jahrzehnte hinweg zwei der beliebtesten Vornamen für Mädchen Maria und Anna. Als Mutter und Oma von Jesus sind die beiden zentrale Figuren im Christentum. Der derzeit häufigste Vorname für Jungen weltweit ist Mohammed. Auch er ist eine populäre religiöse Person, nämlich Prophet und Begründer des Islams. Die Namenkunde, also die Wissenschaft, die sich mit Namen beschäftigt, hat übrigens selbst einen Namen, »Onomastik« vom griechischen »onoma«, »Name«.

EIN NAME IST (K)EIN WUNSCHKONZERT

Yī

Die Regeln zur Vergabe eines Vornamens sind in jedem Land anders und unterschiedlich streng. In Deutschland darf ein Name generell nicht beleidigend sein. Auch ein frei erfundener Name, wie »fräznschnudl«, ist nicht zugelassen. In Deutschland dürfen nur Namen vergeben werden, die es als Vornamen schon gibt. Tiernamen, Städtenamen oder Begriffe wie »Sommerregen« sind deswegen nicht erlaubt. Irgendwie ist diese Vorgabe ein bisschen kurz gedacht: Immerhin haben die allermeisten Vornamen Bedeutungen in nichtdeutschen Sprachen oder in sehr alten Sprachen wie Latein oder Hebräisch. Die Namen Gülay, Emma und Ben sind erlaubt – warum dann nicht auch deren deutsche Übersetzungen »Rosenmond«, »Welt« und »Sohn«?

NENN MICH BEI DEINEM NAMEN Unser Name beschreibt unser Verhältnis zu anderen Menschen, denn er wird uns von ihnen gegeben. Besonders deutlich zeigt sich das bei Spitznamen oder Kosenamen, die keine offizielle Funktion haben. Wir bekommen sie, weil Menschen extra lieb oder gemein zu uns sein wollen. Manchmal setzen sich in einer Gesellschaft bestimmte Spitznamen durch, die ganze Personengruppen beleidigen und in eine Schublade stecken sollen. Manchmal entwickelt sich aber auch der Brauch, sich unter Bekannten wie Unbekannten mit Kosenamen anzusprechen, z. B. als »Schwester« oder »Bruder«, »Habibti« oder »Habibi«. In Argentinien ist es üblich, dass Personen mit Beinamen gerufen werden, die sich auf deren Äußeres beziehen. Deshalb können viele Personen denselben Spitznamen haben, z. B. »Ruli«, von »rulo«, dem spanischen Wort für »Locke«.

Wú
吴

MÉNG = FEIN, WERTVOLL
祎
WÚ
吴
ein typischer Familienname in China
YĪ = SPROSS, KEIMLING
萌

BISA! ... BESSA? ... BEIZA!

BEYZA, ICH GLAUBE, SIE MEINT DICH.

SPRACHE Alle Menschen sprechen eine Sprache – die meisten sogar zwei oder mehr. Welche Sprachen wir sprechen, hängt zum einen von dem Ort ab, an dem wir leben. Welche Wörter wir benutzen, hat aber auch etwas mit unserem Alter und der Herkunft unserer Familie zu tun. Manchmal kann es ein Akt von Widerstand sein, eine bestimmte Sprache zu sprechen, z. B. wenn diese in einem Land verboten ist. Sprache ist also mehr als reines Sprechen. Wir können uns mit unserer Art zu sprechen bestimmten Gruppen zuordnen oder uns abgrenzen, Menschen ein- oder ausschließen, einander verletzen oder annähern. Egal auf welche Weise – durch Sprache teilen wir uns anderen mit und zeigen, wer wir sind.

DIE MACHT DER SPRACHE Wie stark Sprache ist, kannst du daran merken, wie gut es tut, wenn Menschen um dich herum genau die richtigen Worte finden, in genau dem richtigen Moment. Dann hat Sprache z. B. die Kraft, dich zu trösten, wenn du traurig bist. Andersherum kann Sprache sehr wehtun, z. B. wenn eine Person etwas Gemeines sagt. Manchmal ist der Schmerz sogar körperlich spürbar, wie ein Schlag in die Magengrube. So genutzt, ist Sprache eine Form von Gewalt. In Gesellschaften richtet sich gewaltvolle Sprache oft gegen bestimmte Individuen und Personengruppen, um ihnen zu zeigen, dass sie nicht dazugehören, sei es aufgrund ihrer Herkunft, ihres Aussehens, ihrer Religion oder ihres Geschlechts. Das kann dann eine aggressive Atmosphäre schaffen, in der die Hürde niedriger ist, auch andere Formen von Gewalt anzuwenden. Manchmal verletzen wir Menschen durch unser Sprechen ohne es zu merken oder zu wollen. Dann hilft es, zuzuhören, wenn Betroffene uns darauf hinweisen. Meist finden sich Wörter, die dasselbe ausdrücken, ohne verletzend zu sein.

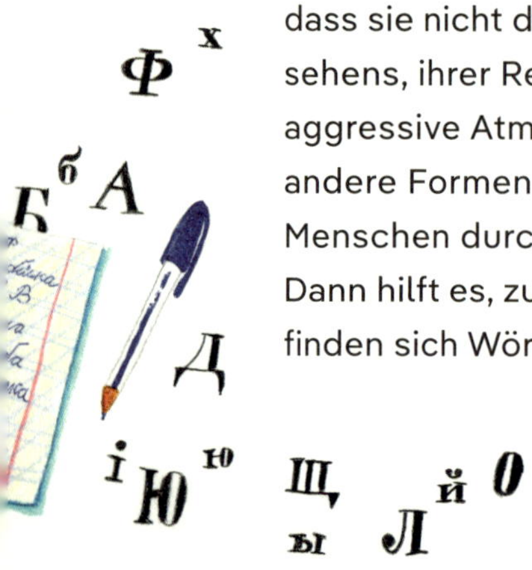

上海话

EINE FÜR ALLE! Was haben Esperanto, Elbisch, Gestuno und Klingonisch gemeinsam? Das alles sind Sprachen. Sogenannte »künstliche Sprachen«, was bedeutet, dass sie für ganz bestimmte Zwecke erdacht und entwickelt wurden und nicht wie »natürliche Sprachen« mit der Zeit innerhalb verschiedener Kulturkreise entstanden sind. Während Elbisch und Klingonisch vorwiegend für Geschichten und Fantasiewelten erschaffen wurden, sind Esperanto und Gestuno Versuche, eine echte Weltsprache zu erfinden. Eine neutrale Sprache sozusagen, die von allen Menschen gleichermaßen (zusätzlich zur eigenen Landessprache) gelernt werden kann, um sich weltweit verständigen zu können. Esperanto versucht das als Lautsprache und Gestuno als Gebärdensprache. Denn genauso wie natürliche Lautsprachen entwickeln sich auch natürliche Gebärdensprachen langsam und in jedem Land unterschiedlich.

ENGLISH

@XEAOIN*ER? Sprache beeinflusst unser Denken: Wenn wir z. B. von Schülern und Lehrern sprechen, denken wir erst mal an Jungen und Männer. Das beeinflusst wiederum unser Verhalten: Sollen wir beispielsweise einen Schülersprecher vorschlagen, ist es wahrscheinlich, dass uns nur Jungen einfallen. Deshalb gibt es Schreib- und Sprechweisen, die versuchen, Sprache gerechter zu machen: z. B. das sogenannte Gendersternchen, das bei einem Wort wie Schüler*in nicht nur Jungen und Mädchen sichtbar macht, sondern auch diejenigen, die sich als beides gleichzeitig fühlen oder als etwas ganz anderes. So was gibt es nicht nur in Deutschland (nicht umsonst ist »gendern« ein englisches Wort). Im Spanischen z. B. steht meist die Wortendung -a für etwas Weibliches und -o für etwas Männliches, wie bei »chica« (Mädchen) oder »chico« (Junge). Beim Gendern wird stattdessen ein »e«, ein »x« oder sogar ein »@« ans Wortende gesetzt: Also »chique«, »chix« oder »chic@«.

français

olàlà

Chinesisch

Français 中文 上海话

ENGLISH

Deutsch

Shanghai Dialekt

Im Traum vermischen sich die Orte & Sprachen öfters.

SPRACHE

х
Ф

Щ й 0
ы Л
0

TRÄUME, SEHNSÜCHTE, HOFFNUNGEN

Die meisten Menschen haben wohl eine Vorstellung vom »guten Leben«. Oft wird diese davon beeinflusst, was in der Gesellschaft als normal gilt. Überall und seit jeher gibt es aber auch Menschen, die »das Normale« hinterfragen und sich eine bessere Zukunft ausmalen. Viele von ihnen versuchen, ihre Visionen schon im Hier und Jetzt umzusetzen und zu zeigen, dass andere Lebensweisen möglich sind. Für manche steht dabei die Umwelt im Vordergrund, für andere das gemeinschaftliche Wohnen und Arbeiten und wieder andere probieren alternative Wirtschaftsmodelle aus. Was diese Ansätze verbindet, ist das Bemühen, den Planeten zu erhalten und eine gerechtere, friedlichere Welt für alle zu schaffen.

WACHSTUM? NEIN DANKE! Wirtschaft, wie wir sie heute kennen, ist meist kapitalistisch, was bedeutet, dass Unternehmen wachsen und ihre Besitzer*innen immer mehr Gewinne machen sollen. Das passt jedoch nicht damit zusammen, dass Rohstoffe und Arbeitskraft begrenzt sind. Auch die Bedürfnisse von Arbeiter*innen werden oft missachtet. Dann kann es passieren, dass sie sich zusammenschließen und streiken, um für bessere Arbeitsbedingungen zu kämpfen. Oder sie kaufen oder besetzen Fabriken, gründen Kooperativen und wirtschaften dann solidarisch, wie z. B. in Brasilien und Griechenland geschehen. Eine lange, weltweite Tradition haben auch Frauenstreiks für Anliegen wie gleiche Gehälter für Frauen und Männer, kostenlose Kinderbetreuung oder die Anerkennung und Umverteilung von unbezahlter Arbeit, wie Erziehung, Pflege und Haushalt, die auch heute noch überwiegend Frauen machen.

WELTWEIT FÜR DIE UMWELT Seit sich 2018 die Protestbewegung Fridays for Future gebildet hat, wird in der Öffentlichkeit häufig über die Klimakrise gesprochen und darüber, was wir dagegen tun können. Dadurch könnte der Eindruck entstehen, dass der Kampf für mehr Umweltschutz ursprünglich aus Europa kommt. Tatsächlich gibt es neben Greta Thunberg eine Menge Menschen in Afrika, Asien, Australien und den Amerikas, die z. T. seit vielen Jahren etwas gegen die Erderwärmung tun und versuchen, auch andere dazu zu bewegen. Da sind z. B. die Umweltschützerin Fatima Jibrell aus Somalia und die junge Aktivistin Ta'Kaiya Blaney von der Indigenen Tla'amin Nation in Kanada. Oder die Professorin Wangari Maathai aus Kenia: Neben vielen weiteren wichtigen Aktionen für die Umwelt hat sie 1977 das Green Belt Movement gegründet. Das ist eine Organisation, die noch heute Bäume pflanzt, um die Vielfalt von Pflanzen und Tieren zu erhalten und zerstörte Ökosysteme wiederherzustellen. Für Maathai hingen Umwelt-, Frauen- und Menschenrechte immer zusammen. Ihr mutiger und beharrlicher Einsatz wurde 2004 mit dem Friedensnobelpreis geehrt.

DAS GEHT AUCH ANDERS Mutter, Vater, Kind – Vollzeitjob, Einfamilienhaus und Auto. So werden häufig die ideale Familie und das perfekte Zusammenleben in den Medien und in der Werbung dargestellt. Es gab und gibt aber Menschen, die keine Lust darauf haben und für die dieses Konzept nicht funktioniert. Z. B., weil sie umweltschonend und nachhaltig leben wollen, keinen Wert auf Besitz legen und in größeren Gemeinschaften oder ganz allein wohnen möchten. Egal wo auf der Welt, ob in der Stadt oder auf dem Land – wenn solche Menschen sich zusammenschließen und aktiv werden, entstehen oft visionäre Konzepte, Lebensmodelle und Arbeitsformen: Gemeinschaftsgärten, Mehrgenerationenhäuser, Umsonstläden, Ökodörfer, Foodsharing, feministische und queere Wohnprojekte, Genoss*innenschaften und vieles mehr.

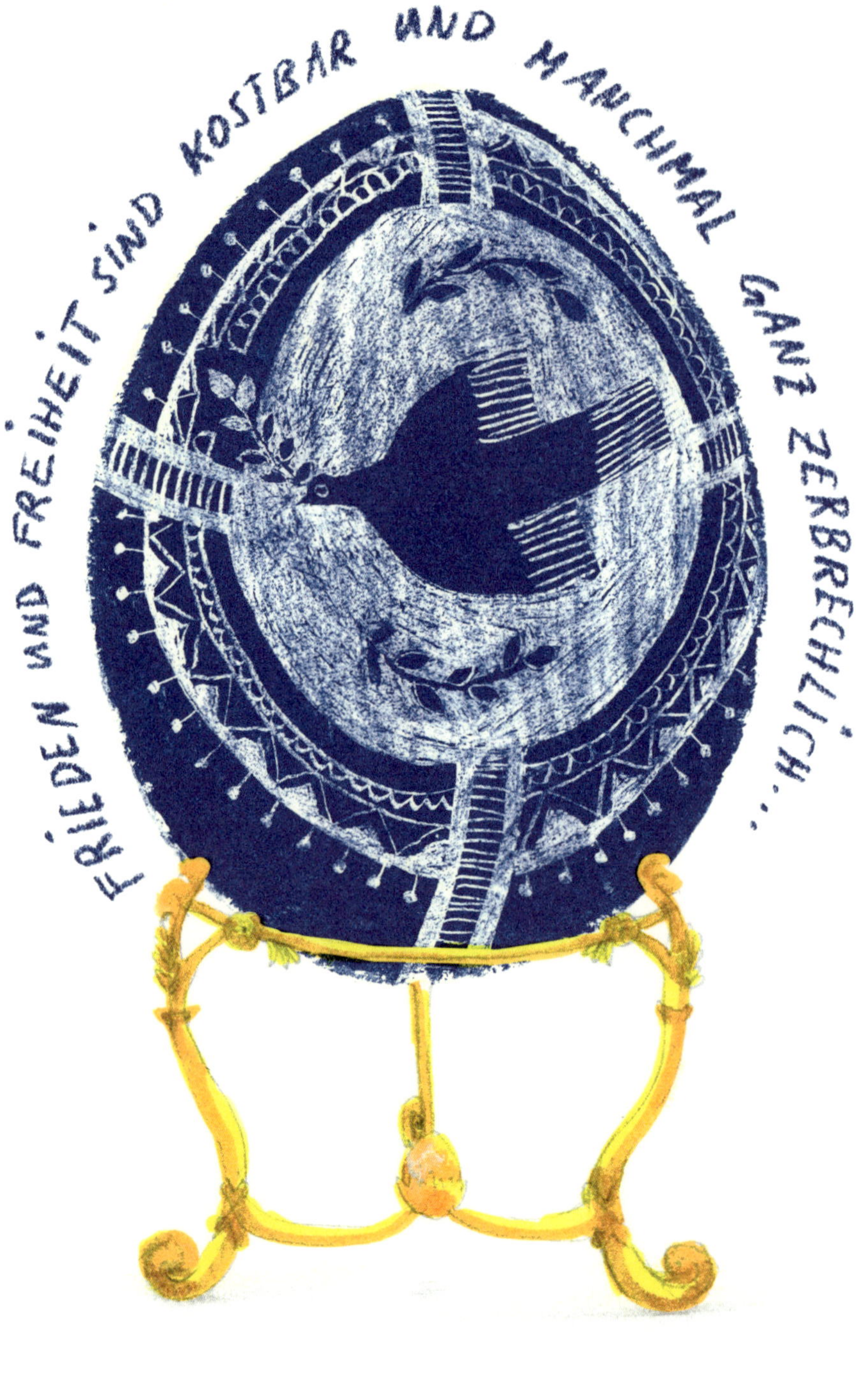

TRÄUME, SEHNSÜCHTE, HOFFNUNGEN

ICH WÜNSCH' MIR, DASS WIR MENSCHEN MEHR UNSERE ‚INNERE NATUR' ENTDECKEN UND DADURCH DIE NATUR IM AUSSEN MEHR WERTSCHÄTZEN & SCHÜTZEN.

ERINNERUNGEN Erinnern ist ein Prozess. Zwar fallen uns auch mal spontan Situationen, Melodien oder Gerüche ein. Generell erinnern wir uns jedoch fortwährend, jeden Tag. Denn woher wüssten wir, wer wir sind, wenn wir nicht täglich Erinnerungen an unsere persönliche Lebensgeschichte hätten? Erinnerungen sind eine Art Erzählung über uns selbst, für die wir prägende Momente regelmäßig in unserem Inneren wachrufen und weiterspinnen. Damit wichtige Ereignisse oder Personen in der Geschichte nicht vergessen werden, nutzen Menschen schon immer und überall auf der Welt Hilfsmittel, wie Bilder, mündlich oder schriftlich weitergetragene Geschichten und Lieder oder Gegenstände, die an jemanden oder etwas erinnern. Heute helfen auch Fotos und digitale Clouds beim Erinnern.

WISST IHR NOCH? Neben dem persönlichen Erinnern gibt es auch ein gemeinsames Erinnern. Das kann z. B. mit der Familie sein, wenn alle zusammen Fotos von früher anschauen, oder mit Freund*innen, wenn wir daran zurückdenken, wer etwas Lustiges auf der letzten Geburtstagsfeier gesagt hat. Durch dieses gemeinsame Erinnern können wir uns miteinander verbunden fühlen. Genauso erinnern sich Teile ganzer Gesellschaften oder Kulturen gemeinsam an historische Ereignisse: mal momenthaft, in Form von Veranstaltungen, Festen, Ritualen und Gesang, aber auch dauerhaft, durch Denkmäler, Straßennamen, Bilder oder Symbole. So entsteht ein sogenanntes kollektives Gedächtnis, das zu einem Gefühl von Gemeinschaft beiträgt. Das Besondere daran: Es funktioniert auch dann, wenn wir selbst bei dem erinnerten Ereignis gar nicht dabei waren.

SICHTBAR MACHEN In den USA, Spanien und Teilen Lateinamerikas gibt es einen Feiertag, an dem der Seefahrer Christoph Kolumbus als »Entdecker Amerikas« geehrt wird. Tatsächlich wurde Amerika nicht wirklich von Kolumbus »entdeckt« – ganze Gesellschaften lebten dort, schon lange bevor er an Land ging. Mit seiner Ankunft begann für diese Indigenen Menschen ein Zeitalter, in dem sie von Europäer*innen kolonisiert, d. h. gewaltvoll unterdrückt, versklavt und systematisch umgebracht, wurden. Über Generationen hinweg leisteten sie aber auch aktiven Widerstand. Die Perspektive ihrer heutigen Nachfahr*innen auf diese Geschichte wird mit jeder Ehrung Kolumbus' unsichtbar gemacht. Deshalb gibt es viele Menschen, die sich dafür einsetzen, solche Feiertage (aber auch Denkmäler und Straßennamen) abzuschaffen oder umzuwidmen und so an diejenigen zu erinnern, die leiden mussten und sich mit aller Kraft zur Wehr gesetzt haben.

ÜBER GESCHICHTE STOLPERN Sind dir schon mal messingfarbene Steine auf dem Gehweg aufgefallen? Sie heißen Stolpersteine und sollen an Personen erinnern, die zwischen 1933 und 1945 von den Nationalsozialist*innen verfolgt und ermordet wurden. Das waren jüdische Menschen, Sinti*ze, Rom*nja, queere und behinderte Personen, jene, die von den Nazis als »asozial« betrachtet wurden, und solche, die politischen oder religiösen Widerstand geleistet haben. Auf die Idee zu dem Projekt mit den kleinen, in den Boden eingelassenen Gedenktafeln kam der Künstler Gunter Demnig, der 1992 in Köln den ersten Stolperstein verlegte. Inzwischen gibt es davon über 75.000 in 25 Ländern. Wer möchte, kann sich an dem Projekt beteiligen, z. B. durch regelmäßiges Putzen der Stolpersteine, damit sie gut lesbar bleiben und nicht übersehen werden.

...als ich das erste Mal die Bregenzerwälder Tracht meiner Urgroßmutter trug...

Als Kind kam ich mit meinen Eltern nach Deutschland. Neben der Frage „Wo kommt ihr her?" hörten wir oft: „Wann geht ihr wieder zurück?" Das war nicht sehr willkommen heißend.

ERINNERUNGEN

ВіТАЄМ
Зі
СВЯТОМ

SELBSTBEWUSSTSEIN Was macht uns zu den Menschen, die wir sind? Klar, unsere Familie, unsere Herkunft, unsere Körper, unsere Sprachen und so vieles mehr ... All das gehört zu uns und wird uns meistens schon in die Wiege gelegt. Aber es gibt auch Dinge, über die wir ganz alleine selbst entscheiden können: über was wir wie nachdenken beispielsweise. Welche Meinungen wir haben und wie wir für sie einstehen. Welche Überzeugungen uns wichtig sind. So entsteht unser Selbstbewusstsein. Das gehört nur uns, und das ist etwas, auf das wir stolz sein können.

KINDER HABEN RECHTE! Auch wenn Kinder nicht alles selbst bestimmen dürfen, haben sie eigene Rechte. Z.B. das Recht auf ein Leben ohne Gewalt, das Recht auf Bildung und das Recht, mit der eigenen Familie zusammenzuleben. Noch bis in die Neuzeit war es üblich, dass Kinder als Besitz ihrer Eltern gesehen wurden. Die Eltern durften bestimmen, wie und wo die Kinder leben, welche Religion sie haben oder welchen Beruf sie später wählen sollten. Auch die Kinder zu Arbeit zu zwingen oder sie zu schlagen, war früher nicht verboten! Seit dem 20. November 1989 gibt es die UN-Kinderrechtskonvention. Die erklärt in 54 Artikeln, was Kinder alles dürfen, und sie wurde von fast allen Staaten der Welt unterschrieben. In den Artikeln geht es um die Rechte in der Familie – dass z.B. alle Kinder ein Recht auf Privatsphäre haben, also dass niemand in ihren Sachen herumschnüffelt oder ihr Tagebuch liest, aber auch um Rechte in der Gesellschaft. Regierungen müssen dafür sorgen, dass, auch wenn Familien in schwierige Situation kommen und flüchten müssen, Kinder und Eltern zusammenleben können. Um diese Rechte einfordern zu können, ist es wichtig, sie auch zu kennen.

FAMILIE, RITUALE, WURZELN Für viele Menschen ist ihre Familie, ihre Herkunft etwas, auf das sie sehr stolz sind. Weil es ausmacht, wer sie sind, und ihnen ein Gefühl der Verwurzelung, Verbundenheit und Sicherheit gibt. Dieser Stolz kann auf ganz unterschiedliche Weise ausgedrückt werden: beispielsweise, indem man Fotos von Vorfahr*innen in der Wohnung aufhängt oder geerbte Gegenstände aufbewahrt. Aber auch ohne Gegenstände lässt sich die Freude an der eigenen Herkunft gut feiern, z.B. durch Rituale, also Handlungen, die immer wieder wiederholt werden und eine eigene, wichtige Bedeutung haben. Robin Wall Kimmerer, Angehörige einer Indigenen Gemeinschaft auf dem Gebiet der heutigen USA, erinnert sich in einem Buch daran, dass sie jeden Sommer mit der Familie campen ging. Vor dem ersten Schluck Kaffee am Morgen goss der Vater ein wenig davon auf den Boden. Erst viel später verstand sie, dass dieses Ritual Teil ihrer Indigenen Kultur war, von der Natur nicht nur zu nehmen, sondern immer auch etwas zurückzugeben.

OHNE NOTEN Gute Schulnoten zu bekommen fühlt sich meistens ziemlich toll an. Es ist aber nicht für alle einfach, in der Schule erfolgreich zu sein. Z.B., weil niemand nach der Schule mit ihnen lernt, weil sie sich nicht gut konzentrieren können oder weil sie von Lehrer*innen diskriminiert werden. Oder weil die Lernthemen einfach nicht ihr Ding sind. Es gibt aber noch so viele andere Bereiche, in denen wir gut sein oder einfach Spaß haben können! In einer Sportart, die wir uns ausgesucht haben. Oder mit einem Musikinstrument, das wir beherrschen. Oder weil wir uns besonders fürsorglich um ein Haustier kümmern. Auch ein ganz besonderes Hobby – z.B. die Rezepte unserer Urgroßmutter nachkochen, die Songtexte berühmter Lieder umdichten – kann uns stolz machen. So können wir uns selbst ausdrücken und werden dabei auch noch selbstbewusst, ganz ohne Noten oder Bewertungen durch andere.

SELBSTBEWUSSTSEIN

UND WAS MACHEN WIR JETZT?
NA, EINFACH SPRINGEN!

MICH LIEBEVOLL DEN INNEREN BIESTERN stellen.

ICH bin wichtig, stark und voller Fähigkeiten...
...egal wer etwas anderes zu mir sagt!

POLITIK Bei dem Begriff Politik denken die meisten an Parteien, Parlamente, Abgeordnete und Bundeskanzler*innen oder Präsident*innen. Also an Menschen, die Politik beruflich betreiben. Politisch handeln kann allerdings jede*r und das auf viele verschiedene Arten: eine*n Schülersprecher*in wählen, demonstrieren, über den nächsten Klassenausflug abstimmen, Argumente über die Anschaffung eines Haustiers am Küchentisch austauschen usw. All das ist politisch, denn es geht bei diesen Dingen darum, das Zusammenleben einer Gemeinschaft zu gestalten. Politik spielt sich insofern nicht nur auf staatlicher Ebene ab, sondern überall dort, wo Menschen sich als Gemeinschaft verstehen.

WAS IST GERECHT? Wie gehen wir damit um, wenn ein Mensch die geltenden Regeln innerhalb einer Gemeinschaft gebrochen hat? Auf der ganzen Welt gibt es sogenannte Strafsysteme, die vorgeben, was mit den Personen geschehen soll, die etwas Unrechtes getan haben, und denjenigen, denen das Unrecht widerfahren ist. Meistens geht es darum, die sogenannten Täter*innen zu bestrafen, z. B. indem sie Geld bezahlen oder ins Gefängnis müssen. In 92 Staaten gibt es offiziell sogar noch die Todesstrafe. Die autonome (also selbstverwaltete) Gemeinschaft der Zapatistas in Mexiko macht es anders: Bei ihnen geht es vielmehr um Wiedergutmachung als um Bestrafung. Gefängnisse gibt es keine und Schuld mit Geld zu begleichen ist nicht erlaubt. Stattdessen muss die verurteilte Person meist Arbeit für die Gemeinschaft leisten. Die Gemeinschaft und die Betroffenen werden bei der Suche nach einer passenden Wiedergutmachung möglichst mit einbezogen.

WER HÖRT HIER AUF WEN? Laut UN-Menschenrechtsabkommen hat jede*r ein Recht auf freie Wahlen und Demokratie. Das Wort Demokratie kommt aus dem Altgriechischen und bedeutet so viel wie »Herrschaft des Volkes«. Viele von uns kennen sie als eine Staatsform, in der Bürger*innen Parteien wählen, die dann für eine festgelegte Zeit das Parlament bilden und im Land regieren. Menschen(gruppen), die jedoch nicht mit den Entscheidungen einer Regierung einverstanden sind, können versuchen diese umzustimmen z. B. durch Demonstrationen, (Kunst-)Aktionen, Petitionen oder Volksentscheide.

WER HAT DIE WAHL? In einer repräsentativen Demokratie ist das Wahlrecht eines der wichtigsten Mittel, sich politisch zu beteiligen. Viele Menschengruppen, die heute ein Wahlrecht haben, mussten sich dieses erst erkämpfen. In den USA z. B. können Schwarze Menschen erst seit dem Voting Rights Act von 1965 gleichberechtigt wählen. Den wohl größten Anteil an dieser Errungenschaft hatte die Bürgerrechtsbewegung, die von Aktivist*innen wie Rosa Parks, Malcolm X und Martin Luther King Jr. vorangetrieben wurde. Auch Frauen auf der ganzen Welt mussten sich zunächst organisieren und Überzeugungsarbeit leisten, um ihr Recht zu wählen durchzusetzen: Als Erstes gelang das 1893 in Neuseeland. Deutschland und Österreich führten das Frauenwahlrecht 1918 ein. In der Schweiz dauerte es bis 1971. Noch heute ist es so, dass viele Menschen, die in einer repräsentativen Demokratie leben, gar nicht wählen dürfen. Z. B. Kinder und Jugendliche oder Personen, die nicht die passende Staatsangehörigkeit haben. Behinderte Menschen mit einer Vollbetreuung durften in Deutschland bis vor Kurzem auch nicht wählen. Erst 2019 (zur Europawahl) haben es behinderte Aktivist*innen geschafft, dass das Gesetz geändert wurde und jetzt alle behinderten Menschen wählen dürfen, auch bei der Bundestagswahl.

EEHMM ... ALSO WIR MACHEN BEI SO EINER AKTION MIT, WIR LAUFEN UND SIE SPENDEN.

EILMELDUNG: EUROMAIDAN – 20:15 DAN
ÜR DIE

KUNST Genug zu essen, ein Dach über dem Kopf und gute Freund*innen sind wichtig. Wenn diese und weitere Grundbedürfnisse nicht abgedeckt werden, wird das Leben sehr schwierig. Kunst kommt dagegen vielen wie ein Luxus vor. Vor allem, weil man schnell das Gefühl bekommt, sie manchmal gar nicht richtig zu verstehen. Aber was wäre ein Leben ohne Kunst? Und ist es nicht auch toll, wenn sie einen rätseln lässt und keine einfachen Antworten gibt? Mit Kunst lassen sich die abgefahrensten Ideen verwirklichen, sie ist so vielfältig wie wir selbst und ihr sind keine Grenzen gesetzt. Und das Beste: Alle können sich auf ihre Weise in der Kunst ausdrücken – wir müssen uns nur trauen.

KUNST VON DER STRASSE Kunst gibt es nicht nur im Museum! Kunst ist überall, auch auf der Straße und auf Hauswänden. Street Art und Graffiti, die dort zu sehen sind, galten mit ihren knalligen Farben und politischen Parolen früher vielen als »Schmiererei«. Sicher auch, weil viele der Graffiti-Künstler*innen aus armen PoC-Gemeinschaften kamen und damit Kritik an der Gesellschaft übten. Mittlerweile hat diese so erfindungsreiche Kunstform es in teure Galerien geschafft! Der afroamerikanische Künstler Jean-Michel Basquiat (1960 – 1988) war mit seiner Graffiti-Kunst der erste Schwarze Künstler, der großen Erfolg in der damals noch hauptsächlich weißen Kunstwelt hatte. Obwohl er über sich selbst sagte, er sei gar kein Graffiti-Künstler! Und der anonyme Sprayer Banksy ließ 2018 auf einer Kunstauktion ein Bild von sich, das gerade für eine Million Pfund verkauft worden war, in einem Schredder zerstören – angeblich als Kritik daran, dass Kunst heute so teuer ist.

ZURÜCKGEBEN, WAS EINEM NICHT GEHÖRT

Restitution bedeutet »Rückgabe«. In der Kunst ist der Begriff seit Ende des Zweiten Weltkrieges sehr wichtig geworden. Denn die Nazis hatten während ihrer Herrschaft jüdischen Menschen, die fliehen mussten oder die sie in Konzentrationslager verschleppten und dort ermordeten, unglaublich viele Kunstwerke geraubt oder für Spottpreise »abgekauft«. Der Prozess, den rechtmäßigen Besitzer*innen oder deren Erb*innen all diese Werke wieder zurückzugeben, ist wegen der riesigen Menge an »Raubkunst« sehr kompliziert und bis heute nicht abgeschlossen. Auch aus Kolonien wurden Kunst und heilige Gegenstände geraubt und in europäische und nordamerikanische Museen gebracht. Bewohner*innen ehemals kolonisierter Länder fordern deren Rückgabe und sind sehr wütend darüber, dass viele der Museen sich weigern. Daher ist es wichtig, wenn man Kunst kauft oder erbt, immer auch etwas über ihre Herkunft zu erfahren.

RAUS AUS DEM MUSEUM In der Kunstwelt gibt es den Begriff »White Cube«. Dieser »weiße Würfel« bezeichnet die oft in strahlendem Weiß gehaltenen Ausstellungsräume, in denen Kunst besonders gut zur Geltung kommt. Er spielt aber auch darauf an, dass Kunsträume oft abgeschlossene Welten sind, zu denen nur bestimmte Leute – die auch heute noch sehr oft weiß, gebildet und wohlhabend sind – Zutritt finden. Durch die Digitalisierung hat sich die Kunstwelt jedoch verändert. Denn auf Social-Media-Plattformen können alle, die Zugang zum Internet haben (auch das ist heute nur etwas mehr als die Hälfte der Menschheit!), ihre Kunst zeigen. Und dort entscheiden nicht in erster Linie berühmte Fachleute über deren Qualität, sondern die Masse der Internet-User*innen, die likt und followt oder eben nicht. So bekommen auch Leute eine Chance, die nicht den üblichen Karriereweg über Kunsthochschulen und gut vernetzte Galerist*innen gehen können.

UKRAINISCHE OSTEREIER WERDEN MIT BIENENWACHS »BESCHRIEBEN« UND SIND EINE URALTE VOLKSKUNST.

ICH SPÜRE MEINEN ARM NICHT MEHR!

JA NICHT BEWEGEN!

MUSIK Musik ist mächtig: Sie bringt nicht nur steinreiche Popstars hervor, die auf der ganzen Welt für ihren Sound gefeiert werden. Sie kann uns auch auf Knopfdruck in Partylaune versetzen, uns zum Weinen bringen oder längst vergessene Erinnerungen zurückbringen. Weil sie ganz direkt unsere Gefühle anspricht. Auch wenn jede Clique, jede Familie, jede Kultur ihre eigenen Musikstile und -vorlieben hat, bringt die Liebe zur Musik uns grenzüberschreitend zusammen.

EINE SPRACHE, DIE ALLE VERSTEHEN Musik ist eine Weltsprache, die von den meisten Menschen verstanden wird. Auch Gehörlose nehmen die Bässe wahr und schon während der Schwangerschaft reagieren Babys im Bauch positiv auf Musik. Auch wenn es auf der Erde unglaublich viele unterschiedliche Musikstile gibt, ist eines überall gleich: Noch bevor Kleinkinder laufen lernen, fangen sie an, in den Knien zu wippen, sobald sie Musik hören. Für sie ist Tanzen so etwas Natürliches wie Essen. Im Gegensatz zu Erwachsenen oder größeren Kindern denken sie überhaupt nicht darüber nach, wie sie beim Tanzen aussehen. Sie hüpfen, sie klatschen, sie drehen sich im Kreis und machen die verrücktesten Figuren, ganz ohne Scham. Und das Tolle ist: Tanzen ist nicht nur gesund, weil der Körper sich sportlich betätigt, es macht auch noch schlau! Denn durch die Bewegung wird räumliches Denken geübt und das Gehirn wird reifer. Also, Musik an und los!

»SONGS OF GASTARBEITER« Nach dem Zweiten Weltkrieg wurden in Deutschland Arbeitsmigrant*innen, sogenannte Gastarbeiter*innen, aus Ländern wie der Türkei, Griechenland, Jugoslawien, Vietnam, Italien, Spanien, Marokko, Tunesien, Angola, Portugal und einigen anderen angeworben, um den Arbeitskräftemangel auszugleichen. Die Leute, die damals kamen, brachten nicht nur ihre Arbeitskraft, sondern noch viel mehr mit: ihre Sprache, ihre Kultur, ihre Kochkünste und natürlich auch ihre Musik! 2014 veröffentlichten der Autor Imran Ayata und der Künstler Bülent Kullukcu eine CD mit dem Titel »Songs of Gastarbeiter«, die wie eine Bombe einschlug. Denn dort fanden sich sechs Jahrzehnte pralle Migrations-Musikgeschichte zwischen Hochzeitsmusik und Kreuzberger Trap, die bis dahin in der deutschen Öffentlichkeit viel zu wenig Beachtung gefunden hatte. Und die Saga geht weiter: Anfang 2022 erschien »Songs of Gastarbeiter Vol. 2«!

HIP-HOP WELTWEIT Im Pop existieren unglaublich viele Stile, aber ein Genre gibt weltweit ganz klar den Ton an: Hip-Hop. Dabei war Rap-Musik anfangs nur eine von zahlreichen Untergrundkulturen. In den 1970er Jahren schufen junge Schwarze und Latinx aus dem armen New Yorker Stadtteil Bronx diesen neuen Style aus Beats, Samples und Sprechgesang. Von dort aus verbreitete sich Hip-Hop, dessen Texte oft Kritik an Rassismus und Polizeigewalt übten, auf der ganzen Welt. Auch wenn Englisch nach wie vor die wichtigste Sprache für das Rappen ist, gibt es Hip-Hop-Tracks in nahezu jeder Sprache der Welt, von Twi-Rap aus Ghana über K-Pop-Rap aus Korea bis zu Panjabi-Rap aus Indien und Rap in jeder europäischen Sprache. Jede neue Sprache, jede neue stilistische Erweiterung im Hip-Hop macht ihn diverser, und gleichzeitig bleibt Rap eine Musik, die heute international jede*r verstehen kann, egal, welche Muttersprache sie*er spricht.

DIE BANDURA ODER БАНДУРА WURDE FRÜHER NUR VON MÄNNERN GESPIELT.

HEUTE LERNEN AUCH VIELE MÄDCHEN AUF DER „LAUTEN-ZITHER" ZU MUSIZIEREN!

SAZ UND NEY SIND BELIEBTE INSTRUMENTE IN DER TÜRKISCHEN VOLKSMUSIK.

KLEIDUNG UND MODE Kleidung hat nicht nur mit Funktionen, sondern auch mit Orten und Anlässen zu tun: Bei einer Abschlussfeier würden wir nicht im Badeanzug auflaufen, am Strand auch nicht im Anzug mit Krawatte. Wie wir uns anziehen, kann Ausdruck unserer Persönlichkeit sein, es kann aber auch eine politische Aussage sein – oder beides! Interessant ist, dass es meist die Kleidung von weiblichen Personen ist, die für Aufregung sorgt. Die Öffentlichkeit empört sich oft über zu kurze Röcke und zu verhüllende Kopftücher, selten über Männerbärte und enge Männerhosen. Das kommt daher, dass Männer jahrtausendelang versucht haben, über Frauenkörper und damit auch deren Kleidung zu bestimmen. Noch immer haben sich nicht alle daran gewöhnt, dass diese Zeiten endgültig vorbei sind.

ACHTUNG, ANEIGNUNG Mode lebt von ständiger Veränderung, von neuen Einflüssen, von Durchmischungen und Stilmixen. Früher brachten Menschen von Reisen oder auf Migrationsrouten neue Ideen mit, heute liefert das Internet ständig neue Hypes aus allen Ecken der Welt. Bestimmte Trends sind in der Modewelt jedoch heftig umstritten. Wenn sich z. B. weiße Menschen eng am Kopf liegende Zöpfchen flechten, macht das viele Nachfahr*innen versklavter Afroamerikaner*innen wütend. Denn dieser auch »Cornrows« genannte Stil hat in ihrer Gemeinschaft eine ganz spezielle Bedeutung als Widerstand gegen die unterdrückerischen Weißen, da die Flechtart dieser Zöpfe beispielsweise geheime Fluchtrouten aus der Sklaverei darstellen konnte. Bevor man also einen bestimmten Stil kopiert, sollte man sich über dessen mögliche kulturelle Bedeutung informieren.

RÖCKE UND HOSEN Auch wenn inzwischen Rapper wie Lil Nas X ganz selbstverständlich Röcke tragen, denken viele noch: Hosen sind eher für Männer, Röcke für Frauen. Woher kommt das? In der Antike trugen alle Geschlechter gewickelte Gewänder, aber im Mittelalter setzte sich in Europa die ursprünglich in China erfundene Hose durch, weil sie wärmer war. Mit der Zeit entwickelte sich die Hose immer mehr als Männerkleidung und der Rock bzw. das Kleid als Frauenkleidung. Nach der Französischen Revolution stand sogar in der neuen Verfassung, dass Frauen keine Hosen tragen dürfen! Inspiriert von Frauen aus Nordafrika, trauten sich erst vor gut 100 Jahren westliche Modeschöpfer*innen wie Amelia Bloomer oder Paul Poiret, Hosen für Frauen zu entwerfen – während Männer aus dieser Region (und anderen!) damals und heute ganz selbstverständlich unten offene Gewänder wie die Djellabah tragen. Lange durften Frauen im Westen keine Hosen tragen, oder es galt zumindest als »unschicklich«, und Männer wollten meist keine Röcke, weil man sich dann über ihren »Verlust von Männlichkeit« lustig gemacht hätte. Doch die Zeiten ändern sich rapide und Röcke und Hosen für alle werden immer üblicher!

MEHR ALS EIN STÜCK STOFF Wenn Frauen und Mädchen Kopfbedeckungen tragen, kann das z. B. modische oder religiöse Gründe haben: Christliche Nonnen verdecken ihr Haar unter einer »Habit« genannten Haube, manche gläubige Jüdinnen tragen Kopftuch oder Perücke und einige Muslimas binden sich »Hijab« genannte Tücher in verschiedenen Styles um das Haar. In vielen christlich geprägten Ländern werden Hijabträger*innen rassistisch angegriffen, wohingegen in manchen islamisch geprägten Ländern das Tragen eines Kopftuches für weibliche Personen Pflicht ist. Das Tragen oder Ablegen eines Tuches kann somit auch politisch sein: Protest gegen Hass und Vorurteile oder gegen herrschendes Gesetz. Es kommt immer darauf an, wo etwas wie getragen wird.

DIE WYSCHYWANKA (ВИШИВАНКА) IST EIN HEMD MIT TRADITIONELLEN UKRAINISCHEN STICKEREIEN.

SIE WIRD HEUTE OFT MIT MODERNER KLEIDUNG KOMBINIERT.

KLEIDUNG UND MODE

GENERÄLIN

Die Opulenz der starken Frauencharaktere aus der Peking Oper, die oft von Männern gespielt wurden.

VORBILDER, IDOLE, HELD*INNEN

»I need a hero!«, sang Bonnie Tyler in einem der berühmtesten Popsongs der 1980er-Jahre. Doch nur ein Jahr später hieß es bei Tina Turner in einem ebenso großen Hit: »We don't need another hero!« Was stimmt denn nun, vier Jahrzehnte später: Brauchen wir unbedingt Held*innen und Idole oder haben die heute endgültig ausgedient? Wenn wir uns den Zustand der Welt ansehen, mit seinen Kriegen, Fluchtbewegungen und düsteren Aussichten für Klima und Natur, wünschen wir uns oft eine Heldenfigur, die alles löst. Aber ist es sinnvoll, solche Erwartungen an eine Person zu haben – oder nicht sogar gefährlich? Was macht Menschen heute zu Vorbildern? Vielleicht ganz andere Dinge, als wir aus Filmen kennen – und können wir nicht sogar alle gemeinsam Held*innen im Alltag werden?

»DAS PRIVATE IST POLITISCH« Wenn Menschen gefragt werden, wer ihr größtes Vorbild ist, sagen sie oft: »Meine Mutter.« Kein Wunder, denn Mütter sind häufig die Personen, die an unserer Entwicklung den größten Anteil haben und uns meist ihr ganzes Leben lang mit viel Liebe und Aufmerksamkeit begleiten. Trotzdem werden sie es nie in irgendwelche Geschichtsbücher schaffen. Das hat damit zu tun, dass die Leistungen dieser Mamas (oder auch Omas, Tanten, Schwestern usw.) im Privaten, innerhalb der Familie stattfinden und damit als alltäglich gelten. Weil Feminist*innen diese Ungerechtigkeiten schon früh erkannt haben, haben sie sich vor einem halben Jahrhundert den Spruch »Das Private ist politisch« ausgedacht. Da dieser Slogan auch heute noch seine Gültigkeit hat, sollten wir die Leistungen derer, die uns umsorgen, auch öffentlich mehr feiern!

WIE SEHEN HELD*INNEN AUS? Wenn wir das Wort »Held« hören, sehen wir meistens einen Superhelden aus einem Hollywoodfilm vor uns: riesig, muskelbepackt und furchtlos. Doch Held*innen können auch ganz anders sein und aussehen, klein, jung, nerdig, schwach oder ängstlich beispielsweise. Denn es sind nicht die äußeren Merkmale, die darüber entscheiden, ob wir etwas Held*innenhaftes tun. So konnte z. B. eine Figur wie Greta Thunberg ein Vorbild für Millionen Menschen auf der ganzen Erde werden. Weil sie ihre Stärke aus ihren Überzeugungen bezieht – dass wir alle gemeinsam das Klima retten müssen, bevor es zu spät ist. Auch Malala aus Pakistan, die für ihren Wunsch, auch als Mädchen Bildung zu erhalten, von religiösen Fanatikern fast umgebracht wurde, ist eine solch untypische Superheldin oder Nkosilathi Nyathi, der von Zimbabwe aus für mehr Umweltschutz kämpft. Jede*r kann also mit Überzeugungen und ein klein wenig Mut Held*in werden.

IDOLE AUF MILCHKARTONS K-Pop, also koreanischer Pop, lässt junge Fans auf der ganzen Welt ausflippen. Mit dem Megahit »Gangnam Style« von Rapper PSY wurde der Sound aus Südkorea international berühmt. Bands wie BTS, Blackpink oder Girls Generation lächeln in der Hauptstadt Seoul von Hochhausleinwänden, von Tassen, Duschvorhängen oder sogar Milchkartons. Doch der Weg zum vergötterten Star ist alles andere als einfach. Jährlich bewerben sich Tausende Südkoreaner*innen bei Castings großer Plattenfirmen. Wer einen Platz ergattert, muss ein hartes Training über sich ergehen lassen und noch dazu immerzu perfekt aussehen – Schönheitsoperationen oft inklusive. Dass der Traum mitunter zum Albtraum werden kann, zeigten mehrere Selbstmorde von K-Pop-Stars aufgrund von Ausbeutung, Gewalt und sexuellen Übergriffen vor einigen Jahren.

VORBILDER, IDOLE, HELD*INNEN

AMANDA GORMAN

NELSON MANDELA

ROSA PARKS

CHIMAMANDA NGOZI ADICHIE

JIMI HENDRIX

GLAUBE UND RELIGION Was bedeutet es, an etwas zu glauben? Ist Glaube automatisch mit Religion verbunden? Ist mit Religion ein Gott oder eine Göttin gemeint, oder sogar viele Gött*innen? Oder geht es um eine unsichtbare Kraft? Heißt religiös sein, regelmäßig die Moschee, den Tempel, die Kirche oder andere Orte zu besuchen, alle Schriften, Gebete und Rituale zu kennen? Oder kann man auch beten, was einem gerade einfällt? Im Glauben können Menschen miteinander verbunden sein – oder sie glauben an ganz unterschiedliche Dinge. Für manche Menschen bedeutet Glauben überhaupt nichts. Die große Aufgabe für uns alle ist es, andere in ihren unterschiedlichen Haltungen zum Glauben zu respektieren.

MITEINANDER REDEN UND BETEN Im Mai 2021 wurde in Berlin der Grundstein für ein neues Haus gelegt: das »House of One«. Dieses »Haus für Eine*n« ist eigentlich ein Haus für drei. Denn es ist ein neues Zuhause für die drei Weltreligionen Judentum, Christentum und Islam unter einem Dach. Es soll Raum dafür bieten, mit Leuten dieser drei Glaubensrichtungen ins Gespräch zu kommen. Und so neugierig Fragen zu stellen, Vorurteile abzubauen und Freund*innenschaften zu schließen. Im Podcast des »House of One« klappt das schon ziemlich gut. Da unterhalten sich nämlich drei junge Frauen – eine islamische Theologin, die Spar-Witze mag, eine Judaistik-Studentin, die Jiu Jitsu kann, und eine evangelische Pfarrerin in Ausbildung, die auf Jesuskitsch steht – über alle möglichen Themen. Z. B.: Was sind eure religiösen Lieblingsfeste? Wie sieht es mit der Gleichberechtigung in eurer Religion aus? Wie geht Glaube auf Social Media? Und, ganz wichtig: Wie stellt ihr euch das Paradies vor?

VOLL IDEALISTISCH Beim Wort »Glauben« denken die meisten zuerst an Religion, und tatsächlich gibt es weltweit viele Menschen, die aus religiösen Ritualen oder Gedanken Kraft und Zuversicht für ihr eigenes Leben schöpfen. »Glauben an etwas« muss jedoch nicht automatisch mit Religion zu tun haben. Es kann auch bedeuten, Ideale zu besitzen und sich für deren Umsetzung starkzumachen. Dass man sich z.B. für die Gleichheit aller Menschen einsetzt und dabei vielleicht besonders Rassismus, Sexismus oder Behindertenfeindlichkeit bekämpft. Religiöse Vorstellungen wie Gewaltfreiheit, Unterstützung armer Menschen oder Nächstenliebe lassen sich mit politischem Aktivismus auch vereinbaren. So setzt sich die christliche Befreiungstheologie in Südamerika z.B. vor allem für arme Menschen ein, und im Islam gibt es die Pflicht, für arme Menschen zu spenden – um nur zwei Beispiele zu nennen.

WEIHNACHTEN, GANZ OHNE GOTT Viele Menschen lieben Weihnachten, obwohl sie mit christlicher Religion nichts am Hut haben. Auch in Ländern, in denen die Mehrheit der Bevölkerung nicht christlich ist, hängt vor dem 24. Dezember weihnachtlicher Schmuck in den Straßen – weil es so gemütlich aussieht. Manche Menschen beklagen, dass der religiöse Gedanke des Festes durch das ganze Drumherum verdrängt würde – schließlich geht es ja darum, an die Geburt eines Kindes unter ärmlichen, schwierigen Umständen zu erinnern –, manche finden die damit verbundenen Konsumorgien wenig nachhaltig und andere wieder ärgert, dass der christliche Teil der Weltbevölkerung allen anderen Erdbewohner*innen ein Fest aufdrängt. Trotzdem ist für viele Menschen Weihnachten ein schöner Anlass, mit geliebten Menschen zu feiern. Wie man das Fest dann nennt, ist eigentlich auch egal – wer Weihnachten doof findet, könnte ja alternativ ein Anti-X-Mas-Grinch-Fest feiern. Und dabei mindestens genauso viel Spaß haben.

AM PALMSONNTAG LASSEN DIE ORTHODOXEN UKRAINER SICH UND IHRE OSTERKÖRBE SEGNEN...
SEHR NASS
MAN TIPPT SICH EINANDER MIT WEIDENKÄTZCHEN AUF DIE SCHULTERN UND ERINNERT DARAN, DASS IN NUR EINER WOCHE OSTERN IST!
WEIH-WASSER
KULITSCH (КУЛІЧ)
PASKA (ПАСКА)

YA ALLAH! DANKE
FÜR DAS SCHÖNE WETTER,
BITTE LASS ES ZUM FRÜHSTÜCK
KUCHEN GEBEN. AAAMIN!

Werde ganz still
und lausche der
Natur.
Dort findest du
Antworten auf
die GROSSEN &
kleinen Fragen.

FAMILIE Yay!! Oder: Puh… So lassen sich die Reaktionen auf das Thema »Familie« ziemlich gut zusammenfassen. Die meisten von uns fühlen sich den Menschen, die sie geboren und aufgezogen haben, die mit ihnen verwandt oder ihnen auf andere Weise nah sind, sehr verbunden. Wir kennen uns schon ewig, wir haben viel miteinander erlebt und meistens lieben wir uns ganz schön dolle. Aber Familienmitglieder können auch nerven: weil sie über uns bestimmen oder uns Meinungen oder Traditionen aufdrängen wollen, »weil das in unserer Familie eben schon immer so war«. Gar nicht so leicht, den passenden Weg zwischen Gemeinschaftsgefühl und Selbstbestimmung zu finden.

ALLE UNTER EINEM DACH Dass viele Kinder nur mit Eltern(teilen) und eventuell Geschwistern zusammenwohnen, ist eine neue Entwicklung. Familien lebten meist mit mehreren Generationen zusammen »unter einem Dach«, dazu zählten auch Hausangestellte. Erst im 19. Jahrhundert setzte sich die Kleinfamilie als westliches Ideal durch. Dabei hat das Zusammenleben mehrerer Menschen, egal, ob sie verwandt sind oder nicht, viele Vorteile. Die Alten können sich um die Jungen kümmern, wenn deren Eltern arbeiten müssen, umgekehrt werden die pflegebedürftigen Alten gemeinsam versorgt, die Kinder haben immer andere Kinder zum Spielen und alle können voneinander lernen und sich gegenseitig helfen. Natürlich gibt es bei so vielen Leuten auch manchmal Streit. Trotzdem wohnen weltweit viele Menschen so miteinander, weil sie es mögen, weil es ihnen ihre Tradition vorgibt oder weil es finanziell einfacher ist. Auch Leute, die selbst seit Generationen in Kleinfamilien gelebt haben, gründen heute »Mehrgenerationenhäuser«, um an genau diese Traditionen anzuknüpfen.

IST BLUT DICKER ALS WASSER? In manchen Kitas und Schulen dürfen Kinder am Anfang des Jahres eine Collage basteln. Thema: Meine Familie. Mit Fotos, selbst gemalten Bildern und allerlei Verzierungen können sie darstellen, wer zu ihrer Familie gehört. Die Unterschiede sind dabei überraschend: Bei manchen Kindern ist es ein Elternteil und sie selbst, bei anderen gibt es richtige Wimmelbilder mit ganz vielen Geschwistern, Omas, Opas plus Urgroßeltern, allen Onkels und Tanten, Cousins und Cousinen ersten und zweiten Grades usw. Andere dagegen stellen nicht die »Blutsverwandtschaft« in den Vordergrund, also Menschen, mit denen sie durch gleiche Vorfahr*innen offiziell verwandt sind, sondern sogenannte »Wahlverwandtschaften«, also Freund*innen, die man sich selber ausgesucht hat, mit denen man gerne Zeit verbringt, sich wohl- und nah fühlt. Und manche nehmen auch all ihre Haustiere mit aufs Bild, weil die für sie auch dazugehören!

WEM GEHÖRST DU? Berühmt wurde der Schwarzwälder Lukas Staier als Comedian und Rapper Cossu. Im tiefsten badischen Dialekt macht er sich über die Eigenheiten seiner geliebten Heimat lustig. In einem seiner bekanntesten Insta-Reels erklärt er in weltläufigem Englisch, dass man im Schwarzwald nicht fragt: »Woher kommst du?« Dann wechselt er in die Rolle eines Ur-Badeners: »Bei uns fragt man: ›Wem g'härsch du?‹« Also: Wem gehörst du? Damit macht er sich nicht nur darüber lustig, dass er als Sohn einer Deutschen und eines Kongolesen ständig gefragt wird, woher er wirklich komme. Sondern auch darüber, dass in manchen Gegenden die Frage danach, wer man ist, immer noch damit beantwortet werden soll, zu wem, also zu welcher Familie, man gehört. Das Lachen über diesen Sketch zeigt uns, wie absurd beide Annahmen sind: dass man auf eine bestimmte Weise aussehen muss, um irgendwo zu Hause zu sein, und dass Familie bedeutet, dass man irgendwem gehört, als Familienbesitz sozusagen.

BOAH, SCHAUT MAL, WAS IST DAS?
ABER DU BIST GAR NICHT MIT DRAUF.
OH, ZEYNEP SCHLÄFT GLEICH.
BITTE ALLE LÄCHELN!

家
jia
= Zeichen für Familie & Zuhause

FREUND*INNENSCHAFT Freund*innen zu haben ist für viele Menschen das Großartigste, was es gibt. Denn es heißt: miteinander Spaß haben, einander zuhören, Sorgen und Hoffnungen teilen – und das manchmal sogar ein Leben lang. Das Tolle dabei ist, dass einzig und allein wir selbst entscheiden können, mit wem wir befreundet sein wollen: Die eigene Familie suchen wir uns in den meisten Fällen nicht selbst aus, unsere Buddies und Best Friends schon. Da ist es auch ganz egal, ob wir von Leuten fasziniert sind, die ganz anders sind als wir selbst, oder ob es uns zu denen zieht, die uns möglichst ähnlich sind. Manche von uns sind auch gerne alleine oder halten auf der ganzen Welt virtuellen Kontakt über Social Media – alles ist möglich, solange wir uns damit gut fühlen.

SICH VERNETZEN Unterschiede können toll sein, aber mitunter wollen wir uns am liebsten mit Leuten austauschen, die uns ähnlich sind. Weil sie unsere Erfahrungen teilen, unsere Probleme und vielleicht auch Vorlieben kennen. Die einzige Schwarze, muslimische, geflüchtete, queere etc. Person in einer Klasse zu sein, kann, auch wenn die deutsche Gesellschaft zum Glück immer diverser wird, heute noch vorkommen und sich schlecht anfühlen. Aber durch das Internet ist es immerhin um einiges leichter geworden, Leute aus der eigenen Community kennenzulernen. Im Netz kann man sich leicht z. B. zu einer Black-Lives-Matter-Protestgruppe zusammenfinden, Sprachlern-Tutorials machen oder sich zu Rezepten aus dem Heimatland der Großeltern austauschen – und sich damit gegenseitig empowern!

INNEN STATT AUSSEN Für viele Kinder sind Freund*innenschaften das Größte überhaupt! Gemeinsam abhängen, Spaß haben, reden, Quatsch machen. Aber es gibt auch Menschen, für die das nicht so ist. Und zwar, weil sie vielleicht sehr schüchtern oder introvertiert, also eher nach innen als nach außen gekehrt sind. Die britische Comic-Künstlerin Debbie Tung hat einen Comic zu diesem – sie auch persönlich betreffenden – Thema gemacht. Er heißt »Quiet Girl«, also ruhiges Mädchen, und handelt davon, wie anstrengend es für sie als Introvertierte ist, auf Partys, in der Uni oder auf der Arbeit mit anderen Menschen Small Talk zu machen. Oder sich auf Knopfdruck zu »amüsieren«. Und dass sie sich sehr oft am wohlsten fühlt, wenn sie einfach alleine mit einem Buch ist!

BLÖDE KLISCHEES Jungs machen gemeinsam Sport, gehen auf coole Partys und klopfen sich kumpelig auf die Schulter. Mädchen gehen gemeinsam shoppen, lästern über andere und reden über ihre Gefühle. Wir alle wissen eigentlich, dass das Klischees sind, die die Menschen in nur zwei Geschlechter einteilen und ihnen irgendwelche vermeintlich »männlichen« oder »weiblichen« Eigenschaften zuschreiben. Trotzdem bleibt immer mal wieder etwas von diesen Bildern hängen und wir fragen uns: Sind Jungs wirklich »Bros 4 Life« und Mädchen eher im »Zickenkrieg« verstrickt? Es gab tatsächlich lange die sexistische Vorstellung, dass freundschaftliche Beziehungen zwischen Männern »tiefer« seien als die von Mädchen, die eher in Konkurrenz zueinander stünden. Heute sind wir zum Glück schlauer, aber trotzdem nicht frei von Klischees. Es liegt an uns, sich von solchen Mustern frei zu machen und unsere Freund*innenschaften so zu führen, dass es zu uns passt.

FREUND*INNENSCHAFT

UKRAINISCHE BABUSCHKAS
SIND RICHTIG GUT IM
ESSEN-EINLEGEN UND
HABEN SOWIESO IMMER
DAS SAGEN!

FESTE Gefeiert wird meistens in der Gemeinschaft und Gründe gibt es zahlreiche überall auf der Welt. Ob persönliche Anlässe, wie der eigene Geburtstag, oder religiöse, wie Ernte- oder Frühlingsfeste (z. B. das persische Nouruz, das islamische Zuckerfest »Eid al-Fitr« bzw. »Ramazan Bayramı« oder das deutsche Erntedankfest). Es gibt auch politische Anlässe, wie der Tag der Arbeit oder der Tag der Indigenen Völker. Wie, was, wann und wo wir feiern, macht einen Teil davon aus, welcher Gruppe wir uns zugehörig fühlen, und damit auch, wer wir sind. Traditionen und Bräuche können sich im Laufe der Zeit ändern. Manchmal vermischen sie sich sogar miteinander, sodass neue Festlichkeiten entstehen.

DIE NARREN SIND LOS! Karneval bzw. Fasching oder Fastnacht geht zurück auf Traditionen im christlichen Glauben und wird in Europa schon seit dem Mittelalter begangen: Es ist die Zeit, in der ausgelassen gegessen und gefeiert wird, bevor das 40-tägige Fasten vor Ostern beginnt. Nach Lateinamerika und in den Süden Nordamerikas, aber auch in Teile Afrikas und Südostasiens kam der Katholizismus – und damit auch der Karneval – durch den Kolonialismus. Ob beim Karneval in Köln, in Rio de Janeiro oder beim Mardi Gras in New Orleans, der Brauch, sich zu verkleiden, ist eine Gemeinsamkeit unter den Karnevalist*innen weltweit. Rassistisch ausgrenzend und verletzend können Verkleidungen sein, wenn sie bestimmte Kulturen oder Personen auf einzelne äußere Merkmale begrenzen und falsche Vorstellungen von ihnen vermitteln, wie z. B. »Indianer*in« oder »Chines*in« als Kostüm. Es gibt jedoch unendliche Möglichkeiten, sich so zu verkleiden, dass es für niemanden verletzend ist. Der Fantasie sind dabei kaum Grenzen gesetzt.

MIT DEN TOTEN TANZEN Feiern auf dem Friedhof? In Europa schwer vorstellbar, aber in Mexiko eine fröhliche Tradition, die jedes Jahr Anfang November gelebt wird. Der »Día de los Muertos«, also der »Tag der Toten«, ist dort einer der wichtigsten Feiertage und wird vom 31. Oktober bis zum 2. November begangen. Das entspricht zeitlich in etwa dem katholischen »Allerheiligen« und »Allerseelen«. Sein Ursprung ist allerdings Indigen und prähispanisch. In diesen Tagen, heißt es, besuchen die verstorbenen Familienmitglieder ihre lebenden Verwandten. Damit sie den Weg vom Grab zum Haus finden, wird dieser mit zahlreichen gelben und orangefarbenen Blumen geschmückt. Mit vielen weiteren bunten und freudigen Bräuchen werden in dieser Zeit die Toten geehrt. Am letzten Tag der Festzeit versammeln sich die Familien schließlich an den Gräbern und verabschieden sich bei Essen, Musik und Tanz von ihren Verstorbenen, bis zum Wiedersehen im nächsten Jahr.

FEIERN UND KÄMPFEN Am 8. März ist Internationaler Frauentag: ein wichtiger feministischer Aktionstag, der – wie sein Name schon verrät – an vielen Orten der Welt Beachtung findet. In Berlin ist er seit 2019 auch gesetzlicher Feiertag. 1911 wurde der internationale Frauentag von sozialistischen Organisationen zum ersten Mal begangen, um für das Frauenwahlrecht und Gleichberechtigung zu werben. Er geht auf einen Antrag von Clara Zetkin zurück, die eine wichtige Person der Arbeiter*innenbewegung in Deutschland und Mitstreiterin von Rosa Luxemburg war. Mit der Zeit haben sich die Anliegen der feministischen Bewegungen verändert und so auch die Themen des Aktionstags. Deshalb sprechen einige Feminist*innen heute eher vom »Feministischen Kampftag«, weil das besser beschreibt, worum es geht, und trans und nicht-binäre Personen einbezieht, die auch gegen patriarchalische Strukturen in der Gesellschaft kämpfen.

* AUF DEUTSCH:
LASS DIE TROMMEL UND DIE ZURNA KLINGEN:
DAS SIND ZWEI INSTRUMENTE, DIE OFT AUF
TÜRKISCHEN UND KURDISCHEN HOCHZEITSFEIERN
GESPIELT WERDEN.

Zum chinesischen Toten-
Gedenktag 清明节 liebe ich
qīng míng jié
den feierlichen Tisch mit
den Opfergaben für
die Ahnen & guten Geister

ESSEN Was wir mögen und was nicht, hängt mit unserem persönlichen Geschmack zusammen. Der wird allerdings davon beeinflusst, wie wir aufwachsen, d. h. wo wir wohnen und was zu Hause gegessen wird. Bestimmte Gerichte und Aromen verbinden wir mit bestimmten Erinnerungen und Gefühlen, deshalb schmeckt Papas Eintopf oder der Schokokuchen einer Freundin vielleicht tausendmal besser als das schicke Menü im Restaurant. Unsere Vorlieben können sich im Laufe unseres Lebens aber auch verändern und entwickeln, wir können Neues entdecken, alte Essgewohnheiten hinterfragen und eigene Traditionen beginnen.

VOM ANDEREN ENDE DER WELT Lasagne, Pizza und Spaghetti – was haben diese drei Gerichte gemeinsam? Genau, Italien und Tomatensoße. Oft werden Lebensmittel gedanklich so eng mit einem Ort verknüpft, dass der Eindruck entstehen könnte, sie kämen auch von dort. Bei schwarzem Tee denken viele wahrscheinlich an Ostfriesland oder England, und aus der Sicht von manchen Leuten essen Deutsche scheinbar so viele Kartoffeln, dass sie irgendwann angefangen haben, sie so zu nennen: »Kartoffeln«. Dabei sind Tomaten, Tee, Kartoffeln und viele weitere Nahrungsmittel ursprünglich nicht europäisch, sondern wurden von den Kolonialmächten aus Gebieten wie Lateinamerika und Asien hierhergebracht. Die Kartoffel z. B. kommt vermutlich aus der Region der Hochanden und wurde schon vor vielen Tausend Jahren von den dort lebenden Menschen angebaut. Also lange bevor erst Inkas und dann Spanier*innen die Region besetzten und das nahrhafte Knollengemüse für sich entdeckten. Die Tomate stammt aus Mexiko und hieß bei den Aztek*innen Xitomatl.

PFLANZENFRESSER*INNEN Überall auf der Welt gibt es Menschen, die sich vor allem oder ausschließlich von Pflanzen ernähren: Vegetarier*innen z. B. essen keine Tiere. Veganer*innen nehmen zudem keine Milch, Käse oder Eier zu sich und vermeiden tierische Produkte auch in anderen Lebensbereichen. Für pflanzliche Ernährung gibt es ganz unterschiedliche Gründe – beispielsweise religiöse Gebote, Tierschutz, Klima- und Umweltschutz, Gesundheit oder Geschmack. Wie viele Menschen sich vegetarisch oder vegan ernähren und wer die Ersten waren, ist schwer zu sagen. Es gibt Hinweise, dass die alten Ägypter*innen vegetarisch aßen. Die Bezeichnung »Vegetarier*in« ist da vergleichsweise neu. Sie kommt aus dem Englischen (vegetarian) und wird ungefähr seit Mitte des 19. Jahrhunderts gebraucht. Das Wort »vegan« haben sich 1944 die Begründer*innen des britischen Vereins »The Vegan Society« ausgedacht. Es besteht aus Anfang und Ende des Worts »veg(etari)an«.

BUNTER TELLER Denken wir an unser Lieblingsessen, fallen uns vielleicht nicht gleich typisch deutsche Gerichte ein. Aber was ist überhaupt »typisch deutsches« Essen? Das, was im Ausland kulinarisch häufig mit der BRD in Verbindung gebracht wird – z. B. Sauerkraut und Currywurst –, landet hier im Alltag wohl eher selten auf dem Teller. Stattdessen gibt es ein reichhaltiges Angebot an Gerichten unterschiedlichster Weltregionen, dank zahlreicher Restaurants und Imbisse, die von Migrant*innen eröffnet wurden und werden. Weil Deutschland ein Einwanderungsland ist, beheimatet es inzwischen eine internationale Landschaft von Esskulturen: Falafel, Pizza, Hummus, Miso-Suppe, Döner, Tacos, Curry, Spaghettieis, Bubble Tea usw. gehören hier genauso zum Speiseplan wie Graubrot und Apfelschorle.

ICH KÖNNTE MICH NUR VOM BÖREK SATT ESSEN.
UND ICH NUR VON DER SUPPE!

Hmmh, wo hast du das Rezept her?
Von meiner Oma, Marillenknödel sind typisch österreichisch.

HOLUBZI – KOHLROULADEN
EINGELEGTE GURKEN & TOMATEN MIT KNOB-LAUCH
WARENYKY: MAULTASCHEN MIT QUARK, SAUERKRAUT, KARTOFFELN ODER KIRSCHEN
MARINIERTER HERING
BORSCHTSCH AUS ROTER BETE

HOTPOT
火锅

DÜFTE UND GERÜCHE Der französische Schriftsteller Marcel Proust beschrieb in einer berühmten Romanszene, wie sein Held Swann von Kindheitserinnerungen überwältigt wird, als er den Duft von einem Gebäck namens Madeleine riecht. Und der deutsche Schriftsteller Friedrich Schiller konnte angeblich nur mit dem Geruch eines langsam auf seinem Schreibtisch verfaulenden Apfels in der Nase schreiben! Weil der Geruchssinn schon ausgebildet wird, während das Baby noch im Bauch ist, orientiert sich der Säugling am Anfang stark über den Geruch. Daher sind unsere ersten, stärksten Erinnerungen oft Dufterinnerungen. Zudem gilt der Geruchssinn als der unmittelbarste menschliche Sinn, der direkt ins Gehirn zielt. Jeder Mensch ist übrigens durch seine ganz eigene Geruchsgeschichte – der Geruch der Eltern, des Zuhauses, der Schule, der direkten Umgebung usw. – für sein ganzes Leben geprägt!

SAUBER IST NICHT GLEICH SAUBER Welchen Geruch wir mit Sauberkeit verbinden, ist interessanterweise mit unserem Herkunftsort bzw. unserer Kultur verbunden. Denn nicht alle Menschen finden, dass »sauber« gleich riecht! In Deutschland z. B. denken viele, dass etwas sauber wirkt, sobald es zitronig riecht. In Ländern rund um das Mittelmeer, z. B. Spanien, wird Chlorgeruch mit Reinlichkeit in Verbindung gebracht. In Russland verheißt Flieder Sauberkeit, in den USA ist es u. a. Ozeanluft. Diese unterschiedlichen Wahrnehmungen lassen sich auch daran erkennen, welche Putzmittel in den jeweiligen Ländern besonders erfolgreich verkauft werden.

BLUMEN UND SCHWEISS Dora Goldsmith hat einen interessanten Beruf: Sie erforscht die Düfte des alten Ägypten! Indem sie historische Schriften studiert, versucht sie herauszufinden, wie es damals dort gerochen hat, um diese Gerüche mit heutigen Inhaltsstoffen »nachzubauen«. Bei ihren Recherchen hat sie festgestellt, dass es in Ägypten vor rund 4000 Jahren sehr stark geduftet haben muss, weil Parfüms extrem wichtig waren. Gleichzeitig sagten sie sehr viel über die Verteilung von Geld und Macht aus: Der Königspalast roch herrlich nach Blumen, die Straßen armer Handwerker*innen aber ziemlich sicher nach Schweiß. Ein Umstand, der sich auf viele Epochen in der Weltgeschichte übertragen lässt.

REGEN, DER AUF DEN BODEN FÄLLT Auch wenn es weltweit große kulturelle Unterschiede gibt, was als wohlriechend empfunden wird, existieren doch einige Düfte, die universell beliebt zu sein scheinen: frisch gemahlener Kaffee. Geschmolzene Schokolade. Meeresluft. Oder der Geruch, der entsteht, wenn frischer Regen auf den Boden fällt. Dieser spezielle Duft hat sogar einen eigenen Namen: Petrichor.

WÜRZIG DUFTENDES MITTELMEER Als nach dem Ende des Zweiten Weltkriegs die sogenannten Gast- und Vertragsarbeiter*innen nach Deutschland kamen, brachten sie auch ihre Kochrezepte mit. Damit erfüllten oftmals köstliche neue Gerüche deutsche Wohnhäuser. Doch damals wurde auf diese Erweiterung der Essgewohnheiten oft statt mit Freude mit rassistischen Sprüchen über Menschen, die Knoblauch und Spaghetti essen, reagiert. Heute hingegen sind hierzulande Kochbücher wie die von Starkoch Yotam Ottolenghi, der genau diese würzig duftende Mittelmeerküche vorstellt, gefeierte Bestseller.

DER WÜRZIGE DUFT VON DEM »BESEN« (ВіНИК), DER AUS DILL, WEINBLÄTTERN, LORBEERBLÄTTERN, KNOBLAUCH UND ANDEREN ZUTATEN GEBUNDEN WIRD, ERINNERT MICH AM MEISTEN AN DIE UKRAINE.
ER WIRD ZUM WÜRZEN VON EINGELEGTEN GURKEN UND TOMATEN VERWENDET.

IN DER TÜRKISCHEN KÜCHE WERDEN VIELE KRÄUTER GENUTZT, INSBESONDERE THYMIAN UND MINZE.

WOHNEN Zeig mir, wie du wohnst, und ich sage dir, wer du bist – tatsächlich drücken nicht nur unsere Meinungen, unsere Kleider und unsere Hobbys unsere persönlichen Vorlieben aus, sondern auch unsere Behausungen. Doch der Schein trügt, denn nicht allen ist die Wohnungsdeko gleich wichtig – bzw. haben gar nicht alle genug Geld dafür. Eine Statistik zeigte vor einigen Jahren: Die Deutschen scheinen weltweit am meisten Wert auf Einrichtung zu legen. Sie gaben pro Kopf 390 Euro im Jahr für Möbel aus – Menschen in Russland aber nur 70 Euro, in Indien sogar nur 5 Euro. Wohnen ist also nicht nur eine Frage von Stil und Geschmack, sondern auch von Geld.

BESSER BILLIG? Wie sich Menschen ihre Zimmer, Wohnungen oder Häuser einrichten, hat etwas mit dem persönlichen Geschmack zu tun, mit dem Trend, der gerade angesagt ist, aber auch damit, wie viel Geld zur Verfügung steht: Seit einigen Jahrzehnten ist es in Europa möglich und hip, leichte, billige Möbel bei großen Möbelkonzernen zu kaufen, die auch ausgewechselt werden können, statt schwere Erbstücke von Generation zu Generation weiterzugeben. Allerdings sind solche Möbel nicht lange haltbar, was zu viel Müll und Verbrauch von Rohstoffen führt. Bei der Herstellung werden sowohl Umwelt als auch Fabrikarbeiter*innen ausgebeutet, damit die Möbel billig verkauft werden können. Aber nicht alle machen bei jeder Mode mit und so setzen manche lieber auf Vererbtes, Second-Hand oder auf Möbel aus kleineren, regionalen Geschäften.

WER HAT WIE VIEL PLATZ? In Deutschland verbrauchen Menschen immer mehr Platz zum Wohnen. Während im Jahr 1990 jede Person im Schnitt noch 35 Quadratmeter zur Verfügung hatte, sind es 2022 schon 46 Quadratmeter. Am meisten Platz pro Person gibt es auf dem Land, etwas weniger in kleinen Städten und Vororten, am wenigsten in Großstädten. Aber auch andere Unterschiede stechen ins Auge: Während Menschen ohne Migrationshintergrund im Durchschnitt 46 Quadratmeter Wohnraum zur Verfügung haben, sind es bei Menschen mit Migrationshintergrund nur 30 Quadratmeter.

GUTE CHANCEN, SCHLECHTE CHANCEN

Hanna oder Ismail – wer bekommt die Wohnung? Vor einigen Jahren zeigte eine große Untersuchung in zehn großen deutschen Städten, wie Menschen aufgrund ihrer Herkunft auf dem Wohnungsmarkt diskriminiert werden. Wer sich um eine Mietwohnung bewarb und wessen Name türkisch oder arabisch klang, hatte besonders schlechte Chancen, die Männer noch einmal schlechtere als die Frauen. Männer mit arabischem Namen bekamen 27 % weniger Besichtigungseinladungen als Männer mit deutschem Namen.

BUNT ODER MINIMALISTISCH? Die Wohnung schön einzurichten, ist mittlerweile einer der größten Trends auf Social Media. Manche mögen es besonders luftig und leer, andere bunt und vollgestellt, wieder andere elegant und in gedämpften Farben. Doch auch Traditionen und Beziehungen können eine große Rolle spielen: Wessen Familie früher woanders gelebt hat, möchte vielleicht mit dem Stil an das ehemalige Heimatland erinnern. Oder besondere Erbstücke einbeziehen: den Schaukelstuhl des Großvaters, die von der Großtante gestrickte Decke oder die von der Mutter geschnitzte Figur. So kann ein Zuhause auch Erinnerungen bewahren.

Ein Zuhause kann auch
an mehreren Orten sein,
denn es ist einfach der
Platz, an dem man sich
geborgen fühlt.

DER DEKORATIVE
PERSERTEPPICH AN DER WAND
DARF BEI KEINER BABUSCHKA
IM WOHNZIMMER FEHLEN...
EINE ORTHODOXE,
HEILIGE IKONE WEHRT
ALLES BÖSE AB!

REISEN Viele von uns packt gerne mal das Fernweh. Neben Erholung gibt es allerlei Gründe, die Menschen weltweit zum Reisen bewegen: Schon viele Tausend Jahre sind Wirtschaft und Handel wichtige Triebkräfte, sich in entfernte Gegenden zu begeben. Daneben machten und machen Menschen Wallfahrten zu heiligen Stätten oder Reisen, um andernorts etwas zu lernen. Seit dem 19. Jahrhundert hat sich eine regelrechte Industrie um das Reisen gebildet. Egal, aus welchem Grund wir unsere vertraute Umgebung verlassen, reisend erweitern wir unseren Horizont und begegnen anderen Menschen und Kulturen.

ZU VIEL DES GUTEN Reisen verändert. Allerdings nicht nur diejenigen, die verreisen – durch neue Eindrücke und Erfahrungen – sondern auch die Gegenden, die bereist werden. Wenn zu viele Tourist*innen an einen Ort kommen, kann das schnell zum Problem werden. Für die Umwelt und für das soziale Leben. Z. B. wenn öffentliche Plätze oder Krankenhäuser so von Tourist*innen überlaufen sind, dass Einwohner*innen nicht mehr wissen, wohin sie gehen sollen. Auch Wohnraum wird knapp und teuer, wenn neue Hotels gebaut und Wohnungen nur noch an Urlauber*innen vermietet werden. Mancherorts ziehen Einwohner*innen deshalb nach und nach weg, und mit ihnen verschwindet die Kultur, die ihre Wohngegend eigentlich für die Besuchenden interessant gemacht hatte. Wer mit der Gesellschaft am Reiseziel solidarisch sein möchte, hat viele Möglichkeiten: nicht dort hinreisen, wo alle hinwollen, bei Gastfamilien unterkommen oder für den Urlaub das eigene Zuhause mit dem von Leuten am Reiseziel tauschen. Davon haben alle etwas – Ortsansässige und Reisende.

AN GRENZEN STOSSEN Endlich Sommerferien, endlich Urlaub! Laut des UN-Menschenrechtsabkommens von 1948 hat jeder Mensch das Recht auf Erholung und Freizeit und darf sich innerhalb von und über Ländergrenzen hinweg frei bewegen. Reisen bzw. Urlaub machen sollte also für jede*n eine Selbstverständlichkeit sein, theoretisch. In der Praxis ist das aber nicht der Fall. Viele besitzen z. B. keinen Pass oder einen, mit dem sie nicht überall einreisen können. Oft sind das Menschen aus Krisen- oder Kriegsgebieten. Ein weiteres Hindernis ist, dass Menschen oft das nötige Geld fehlt, um sich Urlaub leisten zu können – auch in Europa. Was besonders für Personen mit Familie im Ausland belastend sein kann, wenn sie diese nicht besuchen können. Nach Lust und Laune verreisen zu können, ist ein Vorzug, den nur ein kleiner Teil der Weltbevölkerung genießt.

REISEN MIT HINDERNISSEN Die Möglichkeit, sich fortzubewegen, auch Mobilität genannt, ist eine grundlegende Form von Freiheit. Für viele wird diese Freiheit jedoch häufig eingeschränkt, weil Orte und Transportmittel nicht so eingerichtet sind, dass alle gleichermaßen daran teilhaben können. Das betrifft besonders Menschen im Rollstuhl, gehörlose oder schwerhörige Personen, solche mit kognitiver oder Sehbehinderung, aber auch Senior*innen oder Familien mit Kinderwagen. Für sie sind diese Hindernisse körperlich und emotional anstrengend und von A nach B zu kommen dadurch wenig erholsam. Deshalb ist es wichtig, dass Umgebungen auf der ganzen Welt barrierefrei, d. h. so gestaltet werden, dass möglichst viele Menschen sich selbstbestimmt und problemlos darin bewegen können. Es gibt übrigens gemeinsame Reiseangebote für z. B. blinde, sehbehinderte und sehende Menschen. Dabei können sich die Urlauber*innen über ihre unterschiedlichen Wahrnehmungen auf der Reise miteinander austauschen.

GEMÜTLICHE REISEN MIT DEM SCHLAFZUG SIND IN DER UKRAINE GANZ ÜBLICH … MANCHMAL SOGAR FÜR MEHRERE NÄCHTE!

SIND WIR BALD DA?

NOCH EIN BISSCHEN. EINEN APFEL?

Meine Lieblingsandenken sind die Reiseskizzenbücher.

Wir erkunden neue Landschaften mitten in Arizona. Bald sind wir am Grand Canyon.

TIERE Ob in Kunst, Sprache oder Religion, auf dem Bauernhof oder als geliebte*r Mitbewohner*in und Gefährt*in – Tiere beeinflussen seit jeher das Leben von Menschen und umgekehrt. Jede*r von uns hat einen Bezug zu Tieren: im Allgemeinen oder ganz persönlich. Doch auch die Gesellschaft, in der wir leben, und welche Rolle Tiere darin spielen, beeinflusst, ob wir im Kontakt mit ihnen sind und wie liebevoll oder gleichgültig wir mit ihnen umgehen. Egal, welches Verhältnis wir zu Tieren haben, biologisch gesehen bilden wir zusammen mit Katzen, Bienen, Fischen und Vögeln eine Gemeinschaft im Ökosystem Erde.

ACH, DU HEILIGER AFFE! Überall auf der Welt gibt es Tierliebhaber*innen. Manchmal werden bestimmte Tiere auch richtig verehrt. In Indien z. B. gilt die Affenart der Hanuman-Languren (nach einem hinduistischen Gott benannt) als heilig. Weil es in der Hauptstadt Neu-Delhi sehr viele von ihnen gibt, schränken sie den Alltag der menschlichen Stadtbewohner*innen z. T. stark ein, dürfen aber nicht getötet werden. Auch Kühen darf nichts angetan werden, da sie nach hinduistischem Glauben göttliche Kraft besitzen. 2012 erklärten Bewohner*innen der japanischen Insel Toshima Delfine zu Mitbürger*innen und damit dem Menschen ebenbürtig. Die vielleicht konsequenteste Art, Tiere zu respektieren, wird in der Religion des Jainismus praktiziert: Kein Lebewesen darf getötet oder verletzt werden. Jainische Mönche tragen einen Mundschutz und wedeln mit einem weichen Besen um sich herum, damit sie keine Insekten einatmen oder zertreten.

ESSEN VERBOTEN Warum finden viele Menschen in Europa die Vorstellung, Katzen oder Hunde zu essen, schlimm oder eklig, während es bei Hühnern oder Kühen dagegen ganz »normal« ist, sie als Nahrungsmittel zu sehen? Und wieso unterscheidet sich je nach Kultur, welche Tiere (nicht) gegessen werden? Gesellschaften sind in ihren (Ess-)Gewohnheiten von den Gegebenheiten ihrer natürlichen Umgebung beeinflusst. Hunde werden z.B. meist dort verspeist, wo es ursprünglich keine größeren Tiere wie Kühe oder Schafe gab. Schweine werden da gemieden, wo ihre Haltung nicht zur Umgebung passt und deshalb aufwendig und teuer ist. Möglicherweise gelten deshalb auch verschiedene Essverbote in verschiedenen Religionen – je nachdem, woher sie kommen.

FABELHAFTE TIERWELT Es gibt keine menschliche Kultur ohne Tiere. Wir finden sie in Animationsfilmen, Gemälden (von Höhlenmalereien bis zu Frida Kahlos Selbstporträt mit Affen), im Internet (lustige Tiervideos und Memes), auf Wappen (Berner und Berliner Bär) in unseren Redewendungen (»Ich glaub, mein Schwein pfeift!«) und seit jeher in Mythen, Märchen und Legenden rund um die ganze Welt. Dabei sind die Tierarten in den Geschichten so unterschiedlich wie die Regionen, aus denen sie kommen. Während im deutschsprachigen Raum z.B. Hase, Igel, Frosch und Esel Hauptfiguren sind, kommen in Argentinien eher Lama, Jaguar und Gürteltier vor, Kranich und Reiher in Russland, Löwen in Simbabwe usw. Tierarten, die an vielen Orten der Welt leben, tauchen entsprechend auch in Erzählungen unterschiedlicher Kulturen auf.

UND JETZT ALLE!

ES GIBT RUDEL VON
STRASSENHUNDEN
IN DER UKRAINE...
ABER SIE WERDEN
OFT VON NETTEN
LEUTEN MIT ESSEN
VERSORGT! UND
SIND GANZ FREUNDLICH.

NATUR Was bedeutet für uns Natur? Vielleicht denken wir an unsere geliebte Zimmerpflanze oder an Wälder und Tiere, mit denen wir bei einem Sonntagsspaziergang in Berührung kommen. Aber wie »natürlich« ist unsere Flora und Fauna wirklich? Wilde, d. h. von Menschen unberührte, Wälder z. B. gibt es in Europa kaum noch, weil wir sie seit Jahrhunderten für wirtschaftliche Zwecke »nutzbar« machen. Natürliche Ressourcen, die es zu Hause nicht gibt, holen sich Industrieländer aus der Natur woanders auf der Welt, wie z. B. Lithium aus den Anden für Akkus in Handys, E-Rollern usw. Unter dieser Ausbeutung leiden Umwelt und Menschen vor Ort und das weltweite Klima. Höchste Zeit also, unser Verhältnis zur Natur zu überdenken.

DIE NATUR HAT RECHTE In immer mehr Ländern auf der Welt gibt es mittlerweile Versuche, die Natur als Gegenüber auf Augenhöhe zu behandeln. Dazu werden z. B. Tieren, Flüssen oder Ökosystemen eigene Rechte zugesprochen, die dadurch juristisch ähnlich behandelt werden wie Personen. Wissenschaftler*innen, Organisationen, Privatpersonen oder Gemeinschaften können die Natur dann vor Gericht vertreten und deren Interessen verteidigen. In Argentinien, Bolivien, Brasilien, Indien, Kolumbien, Neuseeland und den USA ist das teilweise schon so. In Ecuador wurden die Rechte der Pachamama (das Wort für Mutter Erde auf Quechua und Aymara) sogar in der Verfassung festgehalten. Eine weitere Idee, die bisher allerdings noch nicht umgesetzt wurde: ein eigenes Parlament für die Natur.

KOLONIALE BESSERWISSER*INNEN Umweltzerstörung und die globale Klimakrise sind Probleme, die historisch gesehen mit dem europäischen Kolonialismus und dessen Verständnis von Natur zusammenhängen. Natur war aus Sicht der Kolonialmächte eine Ressource, die ihnen überall auf der Welt zur (unendlichen) Verfügung stand und bloß darauf wartete, »entdeckt« und »erforscht« zu werden. Dabei kannten Einwohner*innen der kolonisierten Regionen ihre heimischen Tiere und Pflanzen bereits sehr gut, bevor europäische Forscher*innen diesen lateinische und altgriechische Namen gaben. Zu Hause in Europa hörte sich das nicht nur schlau an, sondern lenkte auch davon ab, dass die Forscher*innen sich bei ihrer Arbeit am Wissensschatz der Indigenen Gesellschaften bedienten. In Neuseeland wird inzwischen versucht, die eigene koloniale Geschichte aufzuarbeiten und die Indigene Kultur der Maori sichtbarer zu machen. U.a. ziert deshalb Silberfarn, der in der maorischen Kultur wichtig ist, den neuseeländischen Pass – eine symbolische Ehrung der einheimischen Natur.

NATUR VS. KULTUR »Naturvolk« ist ein Begriff aus der Zeit des Kolonialismus. Beim ersten Hören klingt er eher harmlos und für manche ist er vielleicht sogar positiv besetzt. Deshalb wird er auch heute noch ab und zu verwendet. Ursprünglich entstand die Bezeichnung jedoch als Gegensatz zu »Kulturvolk«, also einer Gesellschaft, die »fortgeschritten« ist, weil sie scheinbar nicht mehr von der Natur abhängig ist und diese für ihre Zwecke kontrollieren kann. Der Begriff »Naturvolk« ist abwertend, weil dahinter der Gedanke steht, dass die Kultur der Natur überlegen sei. Dabei sind Menschen, überall auf der Welt, sowohl kulturelle als auch natürliche Wesen – und weder das eine noch das andere ist besser oder schlechter. Die Frage ist, wie wir unsere Kultur mit der Natur in Einklang bringen, ohne unsere eigene Lebensgrundlage zu zerstören.

DIE FRUCHTBARE UKRAINISCHE NATUR

DIE FARBEN IN DER UKRAINISCHEN FLAGGE STEHEN FÜR EINEN BLAUEN HIMMEL UND EIN ÜPPIGES, GELBES KORNFELD.

VON HIER SIEHST DU DIE STADT UND DAS MEER.

WER BIST DU? WER BIN ICH? WER SIND WIR? Wir haben uns mit unseren Namen, Freund*innenschaften, Geschmäckern, Kleidungsstilen, Wünschen für die Zukunft und vielem mehr beschäftigt. Das Ergebnis ist ein buntes Feuerwerk an Erinnerungen, Erfahrungen und Vorstellungen, die in ihrer Vielstimmigkeit zusammenwirken. Vielleicht konntest du dich in manchem besonders gut wiederfinden und anderes war dir neu oder hat dich überrascht?

Die Vielfalt in den Illustrationen und Texten kann uns dabei helfen, ein Gefühl für andere Menschen zu entwickeln, aber auch, uns selbst besser zu verstehen. Es gibt so vieles, was wir fragen können, um eine Person näher kennenzulernen, so vieles, was uns alle ausmacht, uns geprägt hat und immer weiter prägt.

Solange es uns Menschen gibt, werden wir uns entwickeln, und solange wir uns entwickeln, werden sich auch die Gesellschaften und Orte verändern, in denen wir leben. Weil alle stets in Bewegung und im Austausch miteinander sind, wird es nie eine abschließende Antwort darauf geben, wer wir sind. Deshalb lohnt es sich, uns selbst und anderen gegenüber neugierig zu bleiben, sich nicht mit einer einzelnen Frage zufriedenzugeben, sondern viele weitere Fragen zu stellen!

GLOSSAR

ANTISEMITISMUS Feindliche Einstellung gegenüber Jüdinnen*Juden. Sie zeigt sich in verschiedensten Formen von Vorurteilen über Beschimpfungen bis zu Gewalt. Zur Zeit des deutschen Nationalsozialismus wurden sechs Millionen jüdische Menschen systematisch ermordet.

BEHINDERT Behinderte Menschen bzw. Menschen mit Behinderung werden von der Gesellschaft behindert. Es ist für sie meist herausfordernder, alltägliche Dinge zu tun, weil ihre Umgebung ihre körperlichen, psychischen oder kognitiven Merkmale nicht berücksichtigt. Ob eine Person behindert ist, ist ihr nicht immer anzumerken.

BIPOC / POC Abkürzung des englischen Begriffs Black, Indigenous and People of Colour. Es ist eine Selbstbezeichnung von Menschen, die wegen ihrer Herkunft oder ihres Aussehens Rassismus erfahren.

DISKRIMINIERUNG Benachteiligung von Menschen(gruppen) aufgrund bestimmter Merkmale. Das können z. B. Religion, Geschlecht, Hautfarbe oder Behinderung sein.

DIVERS Vielfältig. Oft wird dieses Wort benutzt, um zu zeigen, dass gerade Unterschiede eine Gemeinschaft stärken und unser Leben spannend machen.

INDIGEN (Selbst-)Bezeichnung von Menschen, die vor dem Kolonialismus in Amerika, Afrika, Asien oder Australien oder die vor der Bildung von Staaten in Europa gelebt haben, bzw. deren Nachfahr*innen. Indigene Gesellschaften wurden und werden weltweit diskriminiert. Obwohl Indigen ein Adjektiv ist, schreiben wir es groß, um die besondere Bedeutung des Begriffs zu betonen.

KOLONIALISMUS Um an bestimmte Rohstoffe zu gelangen und neue Siedlungsflächen für die eigene Bevölkerung zu schaffen, haben europäische Staaten seit 1492 über mehrere Hundert Jahre die Kontinente Amerika, Afrika, Australien und Asien kolonisiert, d. h. BIPoC gewaltvoll unterdrückt, versklavt, verschleppt und systematisch umgebracht. Aufgrund dieser Vergangenheit erleben weiße Gesellschaften noch heute Vorteile und Gesellschaften von BIPoC Nachteile.

LATINX Begriff für Menschen lateinamerikanischer Herkunft, also aus Ländern wie Mexiko oder Brasilien, wo – wegen des Kolonialismus – Sprachen gesprochen werden, die ihre Wurzeln im Lateinischen haben. Das »x« steht für alle Geschlechter.

MIGRATION / MIGRATIONSHINTERGRUND »Migrare« ist Lateinisch für »wandern«. Der Begriff Migration oder Migrationshintergrund (wenn nicht die Person selbst, sondern die Vorfahr*innen von einem Land in ein anderes umgezogen sind) wird meist nicht für weiße Menschen benutzt, sondern für BIPoC, was Antirassist*innen kritisieren.

RASSISMUS Wenn Menschen wegen ihrer Herkunft, Hautfarbe oder Religion Ausgrenzung oder Gewalt erleben. Rassismus kann verschiedene Formen annehmen – so gibt es z. B. antimuslimischen, anti-Schwarzen oder antiasiatischen Rassismus, der sich besonders gegen diese Gruppen richtet.

SCHWARZ Schreiben wir (obwohl es ein Adjektiv ist) groß, wenn wir damit Menschen meinen. »Schwarz« ist dann keine farbliche Beschreibung von Haut, sondern hat eine bestimmte historische und gesellschaftliche Bedeutung. Es bezeichnet ein Merkmal, aufgrund dessen Menschen weltweit diskriminiert wurden und werden.

SEXISMUS Wenn Menschen wegen ihres Geschlechts oder ihrer sexuellen Orientierung abgewertet und benachteiligt werden. Seit langer Zeit und in den meisten Gesellschaften sind das v. a. Frauen, trans, inter und queere Personen.

SPEZIESISMUS Weitverbreitete Weltanschauung, bei der Tiere diskriminiert werden, weil sie nicht menschlich sind. Menschen behandeln Tiere oft schlecht, weil sie denken, sie seien ihnen nicht ebenbürtig: Sie werden massenhaft eingesperrt, benutzt, gequält, umgebracht und gegessen.

UN-MENSCHENRECHTSABKOMMEN 1948 haben die »Vereinten Nationen« die »Allgemeine Erklärung der Menschenrechte« aufgeschrieben. 193 (von 195 anerkannten Staaten der Welt) gehören der UNO an und müssen deshalb diese Rechte für alle Menschen wahren. Z. B. das Recht, frei und sicher zu leben, und das Recht, nicht diskriminiert zu werden.